群书治要之管理智慧

蔡礼旭 著

ARTTIME 时代出版
时代出版传媒股份有限公司
北京时代华文书局

图书在版编目（CIP）数据

群书治要之管理智慧 / 蔡礼旭著. -- 北京 : 北京时代华文书局, 2014.4
ISBN 978-7-80769-505-9

Ⅰ. ①群… Ⅱ. ①蔡… Ⅲ. ①《群书治要》—应用—企业管理 Ⅳ. ①F270

中国版本图书馆 CIP 数据核字（2014）第 054789 号

群书治要之管理智慧

蔡礼旭 / 著

出 版 人　田海明　周殿富

责任编辑　梁　静　特约编辑　张　立　装帧设计　李彦生

出　　版　时代出版传媒股份有限公司　http://www.press-mart.com
北京时代华文书局　http://www.bjsdsj.com.cn
北京市东城区安定门外大街 136 号皇城国际大厦 A 座 8 楼　邮编：100011

发　　行　北京时代华文书局图书发行部　（010）64267120　64267397
印　　制　北京艺堂印刷有限公司　（010）51288108

规　　格　710mm×1000mm　1/16
印　　张　13
字　　数　126 千字
版　　次　2014 年 5 月第 1 版　2017 年 5 月第 3 次印刷
书　　号　ISBN 978-7-80769-505-9
定　　价　32.00 元

目　录
Contents

第一章

无德无行，人生谈何成功

无论是作为一个人，还是作为一个商者，道德始终是第一位的。我能有今天的成绩，都是一种个人道德乃至社会道德规范的结果。

——李嘉诚

人与人是相互影响的，而且这种影响随时随地在发生着。就比如一个人打瞌睡，旁边的人可能也会提不起精神来；有人若是活力十足，其他人也会精神振奋。

有次，我与一位同事从北京到山东去讲课。他开车，我坐在旁边。有一段时间我特别困，很快就睡着了。等我醒过来以后，他突然对我说："我刚刚觉得好困，几乎都快撑不下去了，可是你一醒过来，我好像就不困了。"

所以，他的感觉就是刚刚的疲劳感是被我"传染"的。结果，我一醒过来，他自己的困意立马就消失了。

其实，无论是与人相处，还是教书育人，抑或是管理企业，都需要正己化人，先端正自己，然后再感化他人。

某天，孩子进入家里的书房玩耍，因为不懂事，所以就把很多书拿下来放在桌上，在那乱翻，弄得很乱。他的母亲走进来，看到这个场面，火气立马就爆发出来了："翻什么翻，又看不懂，出去出去……"

接着，她自己又把书一本一本地放回去，边放边在那里唠叨。隔天，姑姑刚好在书房看书，拿了两三本书正准备好好来阅读，就看到这个小男孩走进书房说道："看什么看，翻什么翻，又看不懂。"这根本就不像是两三岁的小孩子讲出来的话，一听就知道是跟他母亲学的。

在现实生活中，很多孩子确实没有养成这个习惯——"置冠服，有定位""读看毕，还原处"。他们将很多东西随意放置，某天突然要寻找哪一个重要的作业或是书籍，到处找不到，最后还大发脾气，结果弄得全家都不得安宁。

遇到上面这种情况，正确的方法应该是，母亲把孩子叫过来，说："这些书是可以翻的，你慢慢地也会看懂，但是要有规矩，看完这些书一定要把它们放回去。""读看毕，还原处"，只有这样，才能让孩子慢慢养成良好的生活习惯。

跟家长教育孩子的道理相同，领导若要教育别人也不能发脾气，要发脾气就不要教育他们。只要发脾气了，然后再教育下属，一般不会达到好的结果。一发脾气，员工只记得领导的脾气很大，“哎呀，今天真倒霉，被领导看到了。”最后，领导讲了哪些重要的道理，员工一句也没有记进去。

其实，一个坏的习惯影响很大，不止会殃及全家，甚至有可能损害自身的事业。所以说，良好的德与行才是事业成败的关键所在。

同样的一个情景，会教和不会教差得非常多。假如领导能够在每天发生的事当中，正确引导下属，那么下属的智慧与做事的能力可能每一天都在增长，这个就是机会教育点。

其实在几千年前，我们的祖先在《礼记·学记》当中就讲到了这个理论：“当其可之谓时”，这叫及时法；“禁于未发之谓预”，这个叫预防法。

关于这个预防法，中国有句谚语：三岁看八十，七岁看终生。在孩子未出生的时候，就对其进行胎教，到三岁以前就把做人做事的德行给扎稳了，那么到七岁就能看到终身。

中华民族正是因为拥有了5000年的智慧、经验和方法，所以才会代代出圣贤，代代出人才。

在清朝末年，国家派出去的第一批公费留学生有120多人。而这120多人学成归国后，几乎每个人都成为了行业的顶尖人物，这个现象非常值得研究。

例如，火车、水利等新式器物和工程，都是这 100 多人回来之后做成的。为什么他们会有那么大的成就？原因就是这些人出国以前，就已经拥有了良好的德行，拥有了对国家的无限使命与忠诚，所以他们学习或者做事业都有源源不绝的动力。

然而，现在很多到国外去留学的孩子，回国之后真正成为行业顶尖人物的却是少数。不少留学生到了国外，染上了很多坏习惯，把父母的钱和国家的钱都一分一分地挥霍掉了。原因在哪里？因为他们缺少德行，所以往往会在浪费了大量的金钱和宝贵的时间之后学无所得，最终泯然众人矣。

如今，许多在学校考试中成绩优秀的人，最后能够成为某个行业的顶尖人物的还是少之又少。那为什么他们的成绩最优秀，却无法成为顶尖人物？因为他们只是会考试，但不见得会做人。

以前考试成绩优异的学生都是什么情况？下课了，他们都不出去，拿着书一直看一直看，这是一种。另外一种学生是会做人，会生活，也很会读书。这样的人升入高年级，甚至进入社会，他们的表现就很突出，因为有德又有才。可是假如我们不重视德行的话，那么他们就只是一个考试的机器，最终连跟人沟通的能力都不见得具备。

历史让人有见识，让人看事情看得更深远。从清朝末年这个历史事实当中，我们就能获得很多发人深省的启示。

司马光是北宋的大历史学家。他组织人编写《资治通鉴》这一套书，总共耗费了19年的时间。当时，司马光还是皇帝身边的重臣，每天日理万机，为什么他还能编成这样的历史巨作？他的时间到底是怎么挤出来的？

其实，人真的在用心的时候，许多不可能的事情都会在他的生命当中变成可能。因为他有一个源源不绝的动力，就是爱心和责任心。假如我们的员工，我们的下属也有这种爱心和责任心，那么他们肯定会给企业做出贡献，会给别人带来幸福。

在2011年全国道德模范的评选中，有一位助人为乐的道德模范叫做许月华。许女士从小就父母双亡，12岁的时候因为家庭贫穷，为了谋生活，只好在铁路旁捡东西，不幸被突然而至的火车轮碾碎双腿，成为了残疾人，然后被送到了福利院。

这个女孩到了福利院之后，主动给管理员提出一个要求，她说："我可不可以来照顾这些比我小的孩子？"管理员看看她说："我们不照顾你就不错了，你还来照顾他们？"因为她当时连走路都成问题。但事实是，这个坚强的小女孩在此后的37年里照顾了138个孤儿，成为了让全国人民感动的"板凳妈妈"。她悉心照顾这些孩子，而孩子们看着他们的"母亲"，学到的是乐观、百折不挠和牺牲奉献的精神。

许女士说，自己12岁的时候到了福利院，有了爸爸，有了妈妈，有了家，觉得很温暖，有了爱的动力。在这37年间，单位多次要给她发薪水，她都坚决不要，她说："这是我家，我不拿薪水。"

她觉得自己是100多个孩子的妈妈，这是她的幸福。所以，这样的人生给我们的启示是：人只要有爱心，以后定会有所成就，定会为社会做出贡献。

与许女士相比，我们大多数人都有比她更健康的身体和更舒适的条件，可是我们不见得能够做出同样的成就与贡献。

许月华是我们这个时代的榜样，值得所有人尊敬和效仿。榜样的力量是无穷的，我们不要小看自己对所有同仁那一种小小的关怀与爱心，这种正能量是会积累，会传递开来。做好每一个细节，我们都能够去关爱我们的同事。“爱人者，人恒爱之。”我们处处替别人着想，别人也会处处替我们着想，德行都是在这些生活的细节当中体现出来的。

我们的祖先是最重视教育的。在《礼记·学记》当中有一句话非常重要：“建国君民，教学为先。”讲的是治理一个国家，带领一个团体，领导人民或者团队的这些成员，最重要的就是教学。古人讲“知所先后，则近道矣”，如果先后顺序摆错了，家庭和事业便会出现问题。

从小处来看，组织一个家庭应该是把教育摆在第一位。后代出圣贤，光宗耀祖，父母的后半生都不用忧愁，因为孩子的德行好。用闽南话说：跷起二郎腿捻胡须，悠哉悠哉，含饴弄孙。但是，我们现在看有几个60岁的人是在含饴弄孙？现实是父母亲老了比年轻的时候还要更辛苦，因为忙碌了半辈子，到老了还要照顾孙子。

有一个人很富有，一大堆金银珠宝放在银行金库里。某天，他带着朋友到那个金库里面绕一圈指着说：“这些（珠宝）都是我的。”从金库出来后，朋友就跟他讲：“假如看一下就是你的，那我到珠宝店去看，不是很方便吗？我也可以每天都去看。”

很多人都觉得“我的钱都是我的”，其实真正属于我们的钱，是在我们自己口袋里花得了的钱，那些存在银行的钱未必都会让我们花掉。中华民族的祖先告诉我们：钱是多家共有。

第一，有一部分钱是真正属于自己的。

第二，灾害要我们的钱。比如水灾将成千上万家庭的财富都淹掉。火灾也要我们的钱。还有一些其他自然灾祸都有可能把我们的财富消耗掉。

第三，小偷、强盗要我们的钱。很多人喜欢建豪宅，花费往往就是好几亿，这就明显是在告诉小偷和强盗：“我家挺有钱，有空来坐坐。”

最厉害的是不肖子孙。一位知名企业家一辈子积累了20亿的财富。结果，他在70岁的时候中风了，然后，他的20亿财富就被他的不肖儿孙们在很短的时间内全部挥霍掉了。

德行好的后代会“青出于蓝”，然后“胜于蓝”，坏的也会“胜于蓝”。我们希望后人“胜于蓝”，是希望他们良好的德行、才华都超过我们。

古代圣贤讲“至要莫若教子”，为什么把教育下一代摆得这么重要？因为整个国家的未来都掌握在在下一代手上。二三十年以后，我们的后代就成为了社会的中坚力量，他们的德行如若不好，那么无论现在的经济如何辉煌，他们都有可能把国家的财富全部挥霍光了。

“人无远虑，必有近忧。”现在有些孩子内心充满了功利的思想，到了我们老的时候他们可能会想：这些老人真是负担，别管他们了，去一边吧。他们会敬老，爱老，养老吗？除非大人教育他们从小就知恩报恩，知道尊重长辈，尊重老人。

现在，有些男士找对象首先考虑什么？“找那个少奋斗 20 年……”这样的人还能称为男人吗，还能称为男子汉吗？丈夫是要依靠的，结果他是要去依靠女人。还有的人是想要娶漂亮的太太。他不知道人算不如天算，那个太太娶过来好侍候吗？

我曾经在一个中学与中学生谈两性关系。我对他们讲娶一个好太太可以旺三代，“关关雎鸠，在河之洲。窈窕淑女，君子好逑。”讲了半天，最后有的学生依然会说：“蔡老师你讲得很对，不过长得漂亮也很重要。”现在一些孩子从小看偶像剧，看娱乐节目，觉得长得漂亮的、爱穿名牌的才是好女孩。结果，等真的把她娶回来了，他才开悟，才可能知道里面的痛苦。

她们或者有虚荣心，或者极好打扮，或者喜欢赶时髦。先生娶了漂亮太太，一起到百货公司去买衣服，他的心跳会加速，看太太在柜台旁边停留得越久，心脏跳得就越快。太太突然说："……买了，买了……"他在旁边只能痛苦地说："不要啦……"

所以，无论是治家，还是治企，都是德行为先，德行要靠教育。"有德此有人，有人此有土，有土此有财，有财此有用。"

组建家庭的时候，有德行的人感召来的另外一半也会有德行。"二人同心，其利断金。"有了家庭之后，夫妻俩团结、和睦，家和就能万事兴。

"有财此有用"，有了钱财之后，合理使用，栽培自己的子女，去帮助他人，服务社会，自己家的德行就越来越高。但是，如果钱财用错了可能就挥霍掉了，也就谈不上福气了。

"方以类聚，物以群分"，个人的德行好了，就能感召其他人积极向上。一个团体的德行好了，就会感召来好的领导。一个地方的老百姓的德行好了，就会感召来一个好的官员。

孙中山先生有一句话令我特别感佩："宁愿做大事，不要做大官。"人要立志做有意义的事情，而不是贪求哪个官位。

吉林松花江中学的王琦老师，他不愿意做副校长，就当班主任。他认为真正把一个班级带好了，也能带动其他班级共同成长。结果，他教了一年以后，吕杰校长就到他们学校去了。校长与老师配合默契，整个学校的活力都被带动起来了。

之后，他们携手合作就把这个学校经营得风生水起，东北教育界称之为"松花江效应"。2009 年，在大连的一场教育课程中，各地慕名前来参加的老师超过了10000人。他们学校去了3名老师，去跟大家分享他们的成功经验。

王琦老师可谓真的是在修身，接着齐家（他们学校是一个大家），再去影响整个教育界的人。全国各地去他们学校参观学习的师生络绎不绝。我和几位校长也曾到松花江中学去参访学习。那时，他们的影响已经传播到了国际，可谓是“平天下”了。

《大学》里面讲“修身，齐家，治国，平天下”，这不是理论，是每一个人都可以实践的人生境界和价值。

“君子务本，本立而道生。”什么是本？德行是本。我们找到了根本，立志并践行祖先的教训，那么就能组建一个好家庭，带出一个卓越的团队，成就不朽的事业。

第二章

经典智慧改变人生命运

作为领导者的人，必须像中国经典中所说的那样，远离伪（虚伪）、私（自私）、放（放纵）、奢（奢侈）之患。

——稻盛和夫

德是根，是人生成败的根本。而德来源于哪里？就在我们祖先的智慧当中。所以，我要跟大家谈谈《群书治要》。

这套书是唐太宗李世民命丞相魏征编的一套治国宝典。为什么唐太宗要请魏丞相编呢？

因为唐太宗从16岁就跟他的父亲一起行军打仗，他那几年在马上的时间很多，到了他27岁登基当皇帝，自己觉得读的书太少了，而治理天下要用古圣先贤的智慧才行。所以，皇命一下，魏丞相就与当时的那些大儒开始收集各类古籍。

古籍大致分成了三种，即“经、史、子”。“经”就是经典，

《四书》《五经》《十三经》都属于经典；“史”是历史，指《史记》《汉书》《后汉书》《三国志》这些历史；“子”是诸子百家，《孟子》《老子》《韩非子》这些都属于“子”部。

那为什么叫《群书治要》呢？

那些大儒们在编写这套书的时候，是从1.4万多本书，8.9万多卷当中选出了65本书，所以叫“群书”。而他们挑选的古籍都是有关修身、齐家、治国、平天下最精要的教诲，所以叫“治要”。

最终，那些贯通经典的大儒们经过巨大的努力编成了这一套“用之当今，足以鉴览前古；传之来叶，可以贻厥孙谋”的治国理政宝典。

事实上，唐太宗编这套书也是希望带领老百姓走向幸福快乐的生活。因为他有仁慈之心，所以才会下这么大的工夫。书编成以后，他手不释卷，每天都看，舍不得放下。因为他知道自己晚一天明理，老百姓就晚一天受益；自己早一天明理，老百姓就可以早一天受益。

太宗皇帝命人编这一套书是出于仁慈之心，因为他是为人君者。事实上，唐太宗和我们是同道。他领导一个国家，我们领导一个团队、一所学校、一家企业，都是为人君者，所以我们跟他是同道之人。他那一份仁爱之心是为整个国家着想，我们现在则是为自己的同事、自己的学生、自己的员工着想。1000多年前他的那一份仁爱心，跟我们都是相通的。

南宋文天祥有一段话很值得我们思索。“哲人日已远”，这些圣哲人已经离开这个世间几百年了；“典型在夙昔”，但是他们的风范还留在我们的心中；“风檐展书读”，我把他们的书打开来；“古道照颜色”，他们的精神就好像一道阳光照在我的脸上，照在我的心里面。

孟子继承并发展了孔子的学问，最后成为了亚圣，超过孔子以往的那些学生。为什么他能超过？因为他那至诚恭敬的心超越了时空，孔子就好像当面来教他一样。

为君者都苦读圣贤书，我们普通人亦应如此。我们早一天有智慧，其他人就早一天有福气。可是智慧从哪里来呢？“好学近乎智”，我们得要用功好学，深入经典，才会有智慧。

而要有智慧，就需要我们的一家之长、一校之长、一企之长来带动这个好学的风气。“其身正，不令而行”，我们无私，我们认真，我们好学，没有要求下属，下属被我们感动，自然就把事情做好。“其身不正”，我们自己没有先做，只是要求底下的人，“虽令不从”，即便给下属规定好了，他都不愿意去做。

有位老师每天都是最早到学校去上班，他本来已经考虑要辞职，不想再干老师的工作，觉得很累。后来他学习了传统文化，觉得老师这个行业很有价值，“师者，所以传道、授业、解惑也。”整个下一代能不能明白做人、做事的道理，要靠老师去教导，去答疑解惑。从把教师当作一个工作变成当作一个职业、一个有意义的事业，他心中有了使命感，就会很高兴地去做。结果心境一转，他很快就变成了全校最受欢迎的老师，后来还获得了“优秀班主任”奖。

我们想一想这种巨大的转变：从本来想辞职，到接触了祖先的这些教诲，念头一转，他觉得很有意义了，变成优秀的班主任。每个人遇到的际遇不同，但这种际遇一旦对他的生命有了很大的启发之后，他就会完全转变过来。

所以学习《群书治要》，领悟祖先的智慧，既是一种缘分，也是一种感应，更是一种福气。因为《群书治要》是唐朝太宗时期最有智慧的那些大臣们编选出来的，如此浩大的工程，他们选出来了，1000多年之后展现在了大家的面前，怎能说这不是我们的福气呢？

《弟子规》告诉我们：“能亲仁，无限好，德日进。”假如我们将古圣先贤的智慧和德行背得很熟，那它只是知识而已。可是如果每天都按照古圣先贤的教诲来做，那它就不仅仅是知识，它能改变我们的生活态度，甚至能改变我们的人生。

《群书治要》全书有50万字左右，是上起五帝，从尧舜禹汤那个时代到晋朝，总共几千年的经典智慧总集，其重点就是符合修身、齐家、治国、平天下的道理。

然而，这套书此后由于战乱等诸多原因，到宋初已亡佚。所幸的是该书被日本的遣唐使带回国并被日本历代天皇及大臣奉为宝典。在失传了千余年之后，清朝乾隆年间，日本人保存的《群书治要》被送回了中国本土。因此，古圣先贤的智慧结晶才得以再一次呈现在国人面前。

后来，净空老教授在与纳吉首相（马来西亚现任首相）以及马哈迪长老谈到这一套书说，这是唐朝的太宗皇帝命魏丞相编的，而且用里面的智慧奠定了唐朝盛世的基础。

在中国历史当中，“贞观之治”是非常辉煌的一个盛世。盛世都可以成就了，利用这样的智慧来治理一个团队、一个企业、一个国家，也是大有益处的。

当时，马哈迪长老和纳吉首相听了之后很感兴趣，因为他们都知道唐朝这个盛世很有成就，然后就询问何时可以翻成英文。老教授听完，回来就组织人重新编订《群书治要》，为的就是让其他国家以及不同民族、种族的政治领袖，能够深入了解我们中华文化中蕴藏的智慧。

重新编订的《群书治要》，是摘取了其中的360句精华汇集而成。我们每天只需读一句，一年刚好读360句。

书中选取的纲目，前两个分别是“君道”和“臣术”，这等于是君臣关系。其实在我们各行各业当中，都离不开君臣关系。用现在的名词讲，君就是领导者，臣就是被领导者。君和臣都有其应该尽的本分，应该扮演好的角色。而要把君臣关系扮演好，领导首先要以身作则，要有道德。

第三个纲是“贵德”，以德服人。《弟子规》当中说：“势服人，心不然。理服人，方无言。”有德行的人无论走到哪里，都让人生欢喜，让人如沐春风。春风化雨，感化别人。

而有了德行之后，要懂得为政的方法，所以第四个纲是“为政”。

个人无论是修养德行，还是在为政的过程当中，内心要时时保持恭敬、谨慎的态度，正所谓“一分诚敬得一分利益，十分诚敬得十分利益”。

大家从小到大都读过几篇文言文，然而记住的是少之又少，为什么？因为那时候我们读文言文是为了应付考试，是要交作业的，不得不学。

我们慢慢去体会一个事情，如果是用心把它领悟的，一辈子都不会忘。如果是不得不学的，硬挤进去的，很快就会忘。所以这个关键在哪里？在用心，用一颗真诚、恭敬的心。

以前我上学的时候文言文也很差。记得上高中二年级，有一次考试，我考了全班倒数第二名。最后一名是42分，我的分数是44分。究其缘由就是因为没有恭敬心。后来，我在书里看到一句话：“读《陈情表》不哭者不孝，读《出师表》不哭者不忠，读《祭十二郎文》不哭者不悌。”这三篇文章都是感人肺腑的千古美文。

但事实是我在读这三篇文章的时候都没有哭。我很怀疑自己，心里想自己难道是不忠、不孝、不悌之人？后来心境一转，再去读，读起来的味道明显就不一样了。

我们看诸葛亮，就为了报答知遇之恩，跟随刘备出来创业，运筹帷幄，决胜千里，最后建功立业。写《出师表》那篇文章的时候，已然经过了 20 多年，他也扛了 20 多年的责任。那个“忠”是做到了极处。诸葛亮鞠躬尽瘁、死而后已的精神是让我非常佩服的。所以，我们用恭敬的心来学的时候，自己的内心就可以跟古人的精神相契合，叫“古月照今尘”“古道照颜色”，能够感觉到圣贤人的精神像一道光一样照入自己的心田。这就是神交古人。当我们看一段历史，有痛哭流涕的经历，就说明古人的精神超越时空与自己交汇在一起了。

所以说“敬”字很重要，时时保持恭敬与谨慎。做管理工作，修养德行不谨慎，会一失足成千古恨。我们要保持一生拥有好的名节、德行、事业，都不能脱离这个谨慎的态度，这第五个纲目讲的就是“敬慎”。

第六个是“明辨”。我们一生当中对很多人、事、物都要判断抉择，用智慧去判断，人生的方向要判断对，用的人要判断对，做的事要判断对。所以有一句话说到“路休不看就走”“事休不算就做”“言休不思就讲”，讲话要先思考，做事要先判断；“人休不择就交”，交朋友也要判断清楚，他假如德行不好，我们可能就被拖下水了。所以古代“君子忌苟合”，君子对于交朋友非常慎重。“择交如求师”，要交一个好朋友，就好像求一个良师益友一样的慎重。我们看为人父母者，如孟母三迁，“昔孟母，择邻处。子不学，断机杼”，她意识到了环境对一个孩子的影响。而一个人步入社会之后，朋友、同事对我们的影响是最大的，这个时候所结交的朋友都要用智慧去判断。

实际上，这六个纲目的思想和内容相互渗透，在主旨上是统一的，只是侧重点不同而已。而我们重点要讲的是与个人修养以及管理有关的“君道”和“为政”这两个纲目。

第三章

格物修身，去掉身上的坏习气

天下的事情，没有轻轻松松、舒舒服服让你能获得的，凡事一定要经过苦心追求、经验，才能真正明了其中的奥妙而有所收获。

——王永庆

《群书治要》里面“君道”的第一节就是“修身”。

《大学》有一句话说：“自天子以至于庶人，壹是皆以修身为本。”这一句话很重要。一个人这一生要扮演好自己的角色，尽好自己的责任，从皇帝（天子）到一般的老百姓，都要以“修身为本。”皇帝要以修身为本，要当好整个国家的君主；农夫要想当好爸爸、好儿子，他也要以修身为本。

那身要怎么修呢？从哪里下手呢？

《大学》又告诉我们：“古之欲明明德于天下者”，我们希望能够利益世界，“先治其国”，在自己的国家要先做出榜样来，人家才相信你。“欲治其国者，先齐其家。欲齐其家者，先修其身。欲修其身者，先正其心”。修身要修这一颗心，“欲正其心者，先诚其意”，人要真诚。“欲诚其意者，先致其知”，我们要明理，明白自己这个念头不对，自己说这一句话不对，自己这么做是不对的，知道了这些才能去改，不知道就不知道从何改起了。但是“致知在格物”，烦恼轻了，智慧才能长。

我们读过不少书，可是事实上，古圣先贤的经典我们真正会运用的很少，因为傲慢没有去掉，觉得圣贤的话都是讲别人的，不是讲给自己听的。

我以前读《论语》，可是一句也没受用，因为当时的心态就不对。《论语》里面很多句子是在讲君子与小人。“君子求诸己，小人求诸人”“君子喻于义，小人喻于利”“君子和而不同，小人同而不和”。念了那么多句，没有一句用上了。就是因为读的时候，一读到“君子”就觉得自己是君子；一读到“小人”，就觉得别人是小人，这就是心态的问题。不向内看到自己的问题，人就没有办法修行，更没有办法修身了。而如果念头一转，都去看他人的好处，这叫“补阳气”，我们的身心会越来越健康。都看人家的不好，就是“藏阴气”，阴气沉沉就健康不了。所以，“见人善，即思齐”“道人善，即是善”。

《论语》里面讲，“君子求诸已”，君子应该反求于自己。

这句话我已经念了不知道多少次了，我就是没有用上它。为什么？因为如果没有将这些道理与自己的内心习气进行对照和相应的调整的话，它就只是知识，只能考试用，利益不了我们的人生。

现在离婚率越来越高的是拥有高学历的人群。高学识的人虽然是某个领域的专家，很多却是生活的低能儿。而且现在高学历往往伴随着高离婚率以及高失业率！普通职位他们不肯干，他们觉得自己是硕士，是博士，不可以干那些“低下”的事。他们屈不下身来。读了一二十年的书，他们不是学智慧，只是在学知识而已。

所以，人若要真正想感悟到古圣先贤的这些德行，除非先去掉自己的习气。现在的人都不能接受批评，孔夫子的《论语》看一遍，“哎呀，这句话听了很不舒服，孔夫子怎么批评我？”那嗔恨心就上来了，孔子的教诲也就听不下去了。

有一句话说：“女子无才便是德。”听到这一句，有人觉得老祖宗的学问有些陈旧落伍了。但其实前面还有一句：“男子有德便是才。”为什么这么讲？男人进入社会，进入公司工作，他要服务大众，德行太重要了。假如他无德而有才，占据高位的话可能就会祸乱天下，所以“有德便是才”。而且他有德行，就会很努力地去提升他的能力并展现他的才华。而后面那一句，它的意思是说女人即使很有才华也都藏起来，不去炫耀，那个“无才”是不炫耀出来，这样的人才是真的有德行。而现在的女强人都怕人家不知道她很厉害，那就犯了这个大忌了。

修身最后推到它的根本在哪儿？格物。格除坏习性，格除物欲，叫“格物”，“物格而后知至，知至而后意诚，意诚而后心正，心正而后身修，身修而后家齐，家齐而后国治，国治而后天下平”。

古人讲“至诚感通”，真诚能够感通天地。而曾国藩先生对“诚”下了一个很好的定义，叫“一念不生是谓诚”。一个妄念都不产生，这个时候，人才会有“真诚”。我们冷静地想一想，现在我们与人交往的时候，首先想到的往往是自己的利益，一点便宜都不愿意让人家占，我们跟人家相处缺少了真诚。做事情都是先想到自己，不想别人，这就是贪。

一个男人看到女人，如果被美色所迷，他就不会有真诚，都是邪思了。所以只要欲望一上来，人就少了一些真诚，多了一些虚伪。一个人坐在餐桌旁，看到他喜欢吃的东西，然后我们在跟他说话的时候，他还看我们吗？他真正在看我们的时候，心也在想：你先别说了，让我吃一下吧。所以，我们看人贪念一起的时候，就没有真诚，不会想到别人了。

“嗔”，责怪他人。我们冷静去感受一下，当我们脾气起来的时候，过激的话有时候就骂出去了，哪里会想到会不会伤到对方；“痴”，愚痴没有智慧。当人意气用事的时候就没有智慧，那时候也没有真诚；“慢”，傲慢瞧不起人，那个态度就让人家很难受，也不真诚；“疑”，疑神疑鬼，不信任人，这个时候也很难真诚。

所以，一个人如果不去除这些贪、嗔、痴、慢、疑的习性，诚就不能出现。

孔子说，他假如听人家唱歌唱得很好听，他就会跟别人一起唱。我当然没有孔子的德行，但也要学学他的行为。我要跟所有人唱那首来自于《圣经》的经典段落——《爱的真谛》。

> 爱是恒久忍耐，又有恩慈；爱是不嫉妒，爱是不自夸，
> 不张狂，不做害羞的事，不求自己的益处，不轻易发怒，
> 不计算人家的恶，不喜欢不义，只喜欢真理；凡事包容，
> 凡事相信，凡事盼望，凡事忍耐，凡事要忍耐；爱是永
> 不止息。

这一段是在提醒人们不要贪、不要嗔、不要自私自利、不要有坏脾气、不要愚痴，要有智慧、要爱真理，不要傲慢、不要怀疑，要信任。

最后面那一句"不止息"代表真爱是不会变的。我们本来对一个人很好，最后很讨厌他，那我们不是懂爱的人。因为我们的心变了，就不是真心。我们都说别人变心，我们自己的心变了没有？讲别人都很容易，自己有真心了，才能引导别人也来真心待人。这个也是君道当中正己化人的道理。自己先做到了，自然就

能感化他人也来效法学习。

看问题不能只看到结果，应该从原因下手。就像种了一棵果树，果子是酸的，我们找到原因，应该在根上施肥，而不是把果子全打掉。不施肥，果子再怎么长，它还是酸的。我们要善于利用自己的理智，遇到任何事情都要先找原因，而不是在结果干着急、打转、生气，这个于事无补，甚至会把事情搞得越来越糟。

我们希望我们的团队是和谐的，团结在一起，往一个共同的目标而奋斗，它是一个结果，因在哪里？就是得“先修其身”。

修身变成根本，要从这个因上下手。身要怎么修？就是我们刚刚讲的，要去掉我们的习气，不贪、不嗔、不痴、不慢、不疑，这个都跟和谐有关系。

一谈到“和”这个字会想到“和爱”，领导处处爱护员工、关怀员工，团队自然就很和谐了。

有的领导遇到员工，第一句话讲什么？是说“你那件事怎么拖那么久，要快点了”，还是说“你妈妈前几天感冒好点没有”？这两句话的气氛完全不一样，这个员工带着压力去做事和带着关怀和爱去做事，效果是截然不同的。这些道理我们只要用心去体会就体会得到。

领导传递的爱越多，员工接受的爱越多，他就越能够去爱别人。

现在的年轻人特别缺爱，特别是对爱情抱有很大的希望，很大的期待，最后却失望很大。他为什么如此渴望别人爱他？因为在家里父母都没有很好地爱他，他就很匮乏，好像什么东西都想抱住才有安全感，但却越抱越抱不住。爱人越抱他，他越觉得烦。如果是用德行去感染他，他反而害怕失去自己的爱人：我要自己好好提升起来，才能够把这样好的对象娶进门。而不是死抱着、死缠着他，那有什么用呢？所以他有满满的爱了，他就能心平气和，就能把事情做得越来越好。

就像父母给我们的爱是不求回报的，假如我们进入社会跟人相处，对任何一个朋友，没有一个念头说想求对方给我什么，自然就能拥有友谊、快乐和关怀。

其实，人跟人的影响是很无形的。而一个领导者，假如付出都不求回馈，以服务人为快乐，他那一份德行慢慢地就会感染给底下的人。

"未有上好仁，而下不好义者也"，这是《大学》讲的。"上好仁"，"下"所感染到的也是有道义的人。我们看商汤为什么可以感召伊尹？周文王为什么可以感召姜太公？这都是仁义心相交感而生的"和爱"。

现在每个人生活都不容易，生活节奏非常快，紧张感互相传递，最后大家累得都有点喘不过气来了，因此都需要放松。

遇到同事或者下属，要恭敬、尊重他，不要一工作马上就分配一大堆任务下去，"你最近忙不忙？你的情况怎么样？"先传递那一份尊重、关怀，然后再让他做其他事情。“君使臣以礼”，很礼敬他，“臣事君以忠”，这也是孔夫子教给我们的。领导尊重每个在一线奋战的员工，能体恤他的辛劳，然后做他的后盾，这份爱敬让员工感觉到了，他就能尽心尽力做好自己的工作。管理者每天传递的都是爱心，对员工的支持以及尊重，上下一体，就会形成强大的向心力，这就是“和敬”。

由“和”联想到“和谦”。谦虚让人如沐春风，而且这个谦虚是“让功于众”。企业获得光荣和成绩，领导要发自内心地对所有付出的员工加以肯定和表扬，员工会非常感动，“领导都把我们的付出放在他的心上”。领导假如把功劳都揽到自己身上，那些付出了劳动的人没有受到鼓舞和鼓励，他们最后就有可能失去工作的积极性和主动性。

我们从“和”中还想到了“和平”，人与人要能平等对待，才能和睦相处。平等心十分重要，它不能是爱憎的心，喜欢那个同事，讨厌这个同事，这就不公平了。这些说穿了都还是领导修养上的功夫。

有这样一个事例：一个家长，他有一个儿子和一个女儿，儿子学习成绩比较好，他对儿子就比较偏心。女儿成绩不好，所有的家务就都让女儿做了。他一直都是夸奖儿子，责骂女儿。儿子最后拿到了博士学位。但由于家长长期以来都是宠爱儿子，儿子因此恃宠而骄，最后就觉得家长所有的付出都理所当然。而这个女儿却被忽略了，甚至被否定了。

儿子后来拿到博士学位回来。他爸爸等这个日子等很久了：我儿子博士毕业回来，我一定要带着他到所有的亲戚家走一走，让他们看看我儿子——名校的博士。他原本是这么打算着的，但没想到儿子回来首先跟他讲："爸，我不知道你什么时候会死，你名下有那么多房子，那么多财产，你要先过户给我。"他到国外留学学到的是功利主义，很会计算如何少缴遗产税，他的心思都用在了这方面。他爸爸本来期望要带着他去邻里亲戚家炫耀一下，结果落差太大，精神受不了了。他看他爸爸几天没有反应，就要上报纸跟他父亲断绝父子关系。他爸爸彻底精神崩溃，于是就住进了精神病院。

最后，那个没有被爸爸疼到的反而比较有良心的女儿跟他讲："爸爸，这一辈子你养我这么大，恩德很大，我这辈子不会跟你要一毛钱，每个月还给你 5000 块钱，让你生活。"女儿用 5000 块钱安了父亲的心，还带着自己的丈夫去给父亲尽孝。最后她用自己的这种孝心，把他父亲从精神病院接了出来。

后来，他这个儿子有了孩子。那个孩子还不满一周岁，就进医院做了好几次大手术。他将父亲气成了精神病，而他自己生的孩子就这样让人操心，这就是上天给他人生最大的礼物——把他敲醒。养儿方知父母恩，不然他太傲慢，根本就敲不醒。

大家看，人的心一偏，孩子都有可能受到连累。一个老师心一偏，全班的学生都受到影响。领导一偏心，下属的心都不平，每天都会生闷气，他们又如何做得好工作呢？领导责骂员工一顿，员工可能就会去训斥客户一顿。好的情绪传递了，那么所有人都有爱心；若是坏的情绪传递了，那所有人都要遭殃。

有一个公益片说的是在马路上，清洁工帮助了一个小孩。因为那个小孩玩滑板，在行人道上滑倒了，他就帮他把滑板捡起来，小孩很感动。结果，这个小孩没走两步就看到一个老奶奶抱着很多东西，那个小孩马上把自己的滑板放下，去帮助老奶奶拿东西，帮助她过街。然后路边的人就一个接一个地进行爱心传递，都一直传下去，最后所有的人就都有了爱心。

我们再来看“和信”。领导绝对不可以失信于下属，失信于同事，不然上下就会互相怀疑，这个就不可能和谐。领导得要一诺千金，一言九鼎，“凡出言，信为先”。但是话讲出去以前，“事非宜，勿轻诺。苟轻诺，进退错。”这个毛病我常常犯，有时候一高兴，就随便答应了，最后才知道同事们现在可能已经非常辛苦了，还要再做其他事，这就把他们给累垮了。“喜时之言多失信”，高兴的时候讲出去了，承诺有时候就很难做得到，因此还是慎重考虑清楚，再承诺别人。

做领导的有时候听到一个好的事情很兴奋，可以稍微先稳一下，“不错不错，我先找同事们商量一下。”不要直接就说“讲得太好了”“好，没问题，包在我身上”，否则后面就要累人了。

“怒时之言”，有情绪的时候，讲话或者写信可能都会失礼。甚至于生气的时候，写的信寄出去，可能会伤透了对方的心，有时候会后悔一辈子，所以保持心平气和很重要。

无论是“和爱”“和敬”，还是“和谦”“和平”，都是要让人修身养性，获得较高的道德素养，这也是经营人生和事业的必备素质。

第四章

贪和逸让人败、家败、业败

拥有某些东西，确实能让我的生活更有滋味，但拥有过多反让我吃不消。

——巴菲特

“修身”的第一个重点是“戒贪”。下面，我们来看看与其相关的一些句子。

训有之。

这个是大禹给他后代的教诲，接着又说道：

内作色荒，外作禽荒。甘酒嗜音，峻宇雕墙。有一于此，未或弗亡。

这句话说的是当国君或者当领导的，如果有上面提到的这些欲望中的任何一条，他的国家会败亡，他的事业会失败。

我们冷静来看，“内作色荒”，就是好色，淫乱；“外作禽荒”，就是很喜欢打猎游玩，一味地玩乐，玩到当学生的不读书，做事业的人都不回来尽他的职责的地步；“甘酒”，就喜欢喝酒，饮酒作乐；“嗜音”，喜欢听靡靡之音；“峻宇雕墙”，就是喜欢住豪宅，又喜欢开名车，这些都是欲望。

对照古人说的这些，现在的人犯了不止一条。人们的价值观被误导了，大家觉得享乐才是人生的目标和成就，这是完全错误的观念。人应该尽自己的道义，服务社会，服务他人才是对的。同时，我们还要审视自身，看看自己有没有这个问题，哪些欲望是我们非实现不可的。假如有这个情况，可能就会影响我们的生活与工作，因为这种欲望和吸毒品差不多，会上瘾的，实现不了就很难过。

现在，很多人迷恋网络，有的人甚至玩到三更半夜，隔天去上班就没有了精神。也有的人喜欢买衣服，都买名牌的，逛百货公司逛到很晚，回来累得半死，隔天就无精打采，不能全身心投入到工作和学习当中去。

我认识一位女士，她就说以前看电视服装秀，一看有喜欢的，马上跑到百货公司去买，找了一整天也没找到，回来累得半死，然后躺下去就睡着了。她现在想想，就为了一件衣服，折腾了好几天，而且买了以后一刷卡，花费不少钱，其实对自己并没有多大的好处。所以，我们要摒弃这个纵欲的价值观。

我的长辈卢叔叔曾经送我一个杯子，这个杯子叫“戒盈杯”。他说：“这个杯子我本来要传给我儿子的。”那个杯子原本是要当作他的传家宝，后来却传给了我，我非常感念他的恩德。

我们看如果往杯子倒太多的水，水就会溢出来。做人其实就跟这杯子一样，杯子里的水要适量，而人也不能傲慢，不能自满，须知人外有人，天外有天，因为只要一傲慢，人生就有可能毁掉了。

孔子也有非常慈悯的叮咛，他讲道：

如有周公之才之美。

拥有周公这样的才华和办事能力。

使骄且吝，其余不足观也已。

假使他因此骄傲、傲慢了，这个“吝”就是吝啬，不跟人家分享这些智慧与经验。“其余不足观也已”，纵使他还有一些优点和小善，他也做不成事情，不足一观。

我们冷静观察我们所遇到的人，有的人很有才华，可是他一傲慢，他就不能凝聚众人的力量，人家在他旁边感觉就好像矮了半截，心里很难受，都不肯跟他合作。人的傲慢心如果不消减，最后会得罪所有的人。

一个博士在20岁时就拿到了数学博士学位。可是，10年以后，他这个顶尖的人才却始终升不上教授。因为他看不起单位里所有的教授，人家就不愿意通过他所提的建设方案，甚至也不想提他做教授，因此他就遇到很多阻碍了。要知道这个时代做任何事都需要团体的力量，不可能靠一个人的能力来实现。

在《大学》里面就有讲到，真正能够利益一个国家的大臣，很谦虚，都看别人的长处，别人的好他都赞叹，去支持、成就他人。成人之美的人才是栋梁之才，所以人是不能自满的。

孔老夫子又说凡事举一要反三，我们从“戒盈杯”联想到戒“淫”。这个“淫”就是沉溺于某种欲望之中不能自拔。祖先的智慧告诫我们：财、色、名、食、睡都要有节制，这“五欲”不懂得节制就会沉溺其中。

例如，现在地球上的一些灾难就是吃出来的，大自然就被我们给吃得失去了平衡。现在人类吃肉的量是古代人的N倍。人要吃肉，就要去养一些牲畜，养牲畜就需要草场，然后大片的林地就被开发成牧场。所以人类越吃越厉害，森林资源就越来越少，然后温室效应越来越严重。最终，大自然就会失去平衡，对人类的身心发展与社会进步产生不可估量的负面影响。

而且从医学上讲，病从口入，现代人很多病其实都是胡乱食用野生动物才导致的。因此，欲望要懂得节制，不能放纵自己，否则就会吃出痛苦终生的病来。

从“戒盈杯”又联想到戒“银”。这个“银”字也就是财，我们对钱财不可以有丝毫的贪恋，否则一失足成千古恨。立名于一生，失之只顷刻之间。一生清名可能就被一个贪财之念给毁掉了。所以，古人讲究严于律己，做事始终战战兢兢，是有道理的。而一旦放纵自己，就会遗患无穷。

例如，现在的教育行业出现了少数害群之马，他们在“财”“欲”上不检点，致使整个行业的名声受到了损害。家长一谈到老师，那个怀疑的眼神就出现了。因此，每个人都在财、欲上有克制，严于律己，才能让整个教育界得到所有人的认可。

从“戒盈杯”还能联想到戒“赢”。人处处都想赢，就会很好面子，就会输不起。这个“赢”其实主要是指贪图名利。为了拿到冠军，贪那个名，把下属的身体给搞坏了，对他们实际技能的学习和成长却没有起到多大意义。

有时候，好名还有着很大的杀伤力。我们看下面这几句：

> 人主之大患，莫大乎好名。

一个领导者，一个君主最大的祸患，没有比爱好虚名更大的了。

其实大家可以在各个领域去观察，如果这个领导特别爱好虚名，那么他的员工一定是累得半死。

人主好名，则群臣知所要矣。

这个“群臣”是指那些特别会巴结谄媚领导的人。基层的实际情况传不上来，因为领导只想听那些好听的。对一家企业，一个团队来说，务实不务虚，才是管理者优先选择的策略。

事实上，一些领导想“赢”，就是希望所有的目光、所有的光彩都到自己的身上来。要知道，成就一件事情并不容易，都是需要众人的力量。而人在贪这个名的时候，就体恤不到底下人的辛苦，自己带领的人经常累得半死，最后就有可能会弄到众叛亲离的程度。以前，君王穷兵黩武，常常打仗，他就好一个名，最后使得百姓流离失所，苦不堪言。同样的，我们今天追求一个虚名，就没有办法去爱护、去尊重我们身边的人，爱敬的心就被这个贪欲给阻碍住了。

我曾经在一所学校看到一幕：上级领导要来检查，各部门在前 3 天赶紧印一大堆资料出来，所有的课程全部打乱，就是为了让官员“检阅”一下。一旦检查过了，所有打印出来的资料就被全部锁起来或者直接丢掉。这样折腾一番的结果是浪费了时间，浪费了金钱，做的只是表面文章，而且更严重的是让学生也学到了这些浮夸、好名的不良习气。

而且，现在的领导为了“赢”，做什么事都是要求立竿见影，马上就要看到成效。要知道“欲速则不达”“十年树木，百年树人”。管理企业，培养人才都不是一日之功，需要有一个慢慢积累的过程。

孟子有一段譬喻能够给我们以启示：有一个农夫到田里去，看到那些稻子，埋怨道：“怎么长这么慢？”于是，他就都把它们都拉长了，一看很满意，觉得都变长了，长高了。然后，农夫拖着疲惫的身躯回家了。隔天一看，稻子全死了，就是因为被他给拉坏了。“揠苗助长”的这个寓言对我们而言仍具有现实意义，特别是提醒当领导的都不能犯这个错误。

有位领导讲现在的教育主要有两个问题比较突出：“急功近利”和“舍本逐末”。这“本”是德行，可惜很多人没有意识到它的重要性。他做了一个比喻：假如把一个蛋放在咸水里面，它会变成咸蛋；把它放在甜水里面，它迟早也会发生变化。假如今天煮饭，饭还没熟，人就不停地念叨：“熟了没有？熟了没有？”这样做还是不能马上煮熟啊。

古人言：“绳锯木断，檐滴石穿，水到渠成，瓜熟蒂落，矜躁狐疑，欲速转迟。”越想快，就越快不了，甚至会适得其反。“矜”是自以为自己的认知才对。“躁”是急躁。“狐疑”，对这些古圣先贤的教育智慧怀疑或者否定，只觉得自己的方法最好。“欲速”，想要真正快一点，反而跟目标越离越远。

所以，我们还是要遵循祖先的智慧来做，从本做起，从孝道做起，从德行教育做起，将祖先的智慧发扬光大，如此才能把很多错误的现象慢慢导回到正路上来。

修身的第二个重点是“勤俭”。

晚清重臣曾国藩先生告诫我们所有人：家败，败在一个“奢”字，奢侈；人败，败在一个“逸”字，放逸、懒惰、懒散，没有目标。

比如学校，假如今天学校不节俭，不勤劳，反而是奢侈和放逸了，那么它一定获得不了家长和学生的支持。所以，学校用钱用得非常地勤俭，家长和学生才会感动，才会更加支持学校的发展和建设。这样勤俭的领导才是有福的人，才能带领所有人稳健地做事业，安心地教育下一代。

其实，节俭本就是中华民族重要的美德。人一节俭，就有仁爱心。省下来的资源可以留给后代，贡献给社会，给那些困难弱势群体。浪费资源，实际上就是在损耗我们的仁爱心。把每一滴水、每一度电、每一粒食物都节省下来，给予需要的人群，我们不仅是在积福，更是在管理我们自身和未来。

现在这个时代，奢侈愈来愈严重。我们看有的西方发达国家社会福利很好，但它的钱是从国债那里来的。他们这一代就花上了后一代，后两三代的财富。而有5000年文化的中华民族，我们听过哪一个时代的祖先是在花后代的钱？华人都是有多少能力就过什么样的日子。

然而，奢侈的生活方式与价值观居然引领了全世界。一些大学生还没毕业，还没有开始赚钱，就有了好几张信用卡，妈妈的血汗钱、爸爸的血汗钱被肆意挥霍，这样的人有何信用可言？

所以，我们所处的整个环境，很多价值观是错误的，我们自己要会判断。

古人对这些道理很明白。有一个地方，某一年刚好赶上旱灾，而当地的水利工程建设得比较好，所以在整个地区就他们安然无恙，当地官府然后就给朝廷报请这个地区免税，朝廷批准了他们的请求。第二年，水灾又来了，他们那个地方由于地势较高又免于水灾的侵害，但还是享受了朝廷恩准的免税待遇。两年过去以后，他们那个地方变富裕了，而其他地方都很穷。当地就开始贩卖高级产品，有见识的人就说了，我们这个地方要遭难了，因为把福报都花完了。正所谓福祸相依。果然没过多少年，那个地方火灾、瘟疫都来了，很多人都死掉了。

《德育古鉴》里面记载了这个故事。其实，这是在提醒我们不可以奢侈，要勤俭，还要勤劳，这才是治家、治企、治国的正确策略。

第五章

好领导从不发脾气

如果我们想引起他人的憎恨，让他一辈子都忘不了，我们只消给他几句尖刻的批评，不管我们批评得有没有道理。

与人相处时，切记对方并非理性的生物。我们所面对的是一位充满情绪与偏见的人，只有给他尊严与面子，才能打动他的心。

——戴尔·卡耐基

修身的第三个重点是“惩忿”，就是要能调整好情绪，压得下脾气。

假如有正直忠诚的人给领导谏言，领导情绪来了，不高兴了，一表现出来，那么整个企业的问题、客观状况就无法知道了。因为大家都不愿讲出来。而这些谏言是真正对管理者有帮助，对企业有益处的。

要知道，管理跟治病一样，病刚刚出现的时候好治，时间拖得越久就越难处理。所以，问题反映越快，领导越是能及时处理，若等问题严重了才发现，那就已经晚了。

“夫圣人以天下为度者也，不以己私怒，伤天下之功。”作为圣人，他们时时以天下人民的利益为先，不会因为自己的爱憎、愤怒，而伤害了天下的利益和公义。其实，身居高位的人生气所造成的副作用更大，对事业造成的损害也可能就更严重。所以，管理者要学会收伏自己内心的愤怒。

人为什么发脾气呢？

第一，不顺自己的心意就很容易发脾气。其实不顺自己的意思讲出来的话，反而能让我们考虑到方方面面，人假如都没有办法听取不同的意见，那就叫刚愎自用，那肯定会出问题的。

战国时代的魏文侯，有一天刚好听着音乐，他在那里哼着歌曲，歌词是他自己讲的话，他说他最高兴的事情就是所有的臣子都听他的话，对他都没有任何意见。正当他唱得很高兴的时候，弹奏音乐的乐师就抱着琴，往魏文侯讲话的地方冲过去撞他。这个乐师以前因为怕自己耳朵不够敏锐，作不出好的曲子，于是把自己的眼睛弄瞎，好让他的耳朵能高度专注。

魏文侯唱得很高兴，没想到乐师会突然撞过来，惊吓之余，没能闪开，两个人都倒在地上，君王帽子上面的玉串也掉在了地上。

魏文侯很生气，怒斥道：“冲撞君王该当何罪？”旁边的人说：

“罪当烹。”马上就有人把那个乐师架起来就要去行刑。

那个乐师没有一点恐慌，他说：“大王，我既然都要死了，可不可以容我讲两句话？”“你说吧。”“我刚刚听到有声音说统统都要听我的，任何人都不能违背我的命令和意思。当我听到这个话的时候，我以为是夏桀和商纣讲的话，所以臣刚刚是以为夏桀、商纣出现了，我是要去撞夏桀和商纣，我不是要撞国君啊！”

历史上的夏桀、商纣就是这样，他们完全不听取别人的意见，还随意诛杀勇于进谏的大臣，所以都成为了亡国的昏君。

魏文侯听完，说道：“把他放了，是我的错，他没有错。”

魏文侯接着怎么做？他说：“把那个古琴放在我们城墙上面，首都的城墙上面，让天下人都看到我的过错，我这个帽子也不要修了，每天戴着它，就会想起乐师给我的劝谏。”

魏文侯能马上承认错误，之后还顺着这个机会，时时提醒自己不能再犯这种严重的错误，这是非常不简单的。

恃才傲物，刚愎自用，不顺己意就生气，而且有控制他人的念头，所有人都要听自己的，这些都是我们要摒弃掉的贪求。

第二，好面子就容易生气。所以，人要想不生气，首先得先把面子卖掉。

面子跟大局比起来，跟员工一生的幸福比起来，那是微不足道的东西，而且面子对我们根本就是障碍，有百害而无一利。

第三，傲慢强势也很容易发脾气，一傲慢起来都是觉得别人不对，那个话语就很过激，所以要学谦卑。

第四，对人有指责，也容易生气。这个指责的态度一旦久久不能平复，无形当中就会影响其他人。

有位企业领导的脾气大，公司各部门主管的脾气也变得越来越大，讲话的神情和他差不多，而那些主管们根本意识不到这种变化。为什么？因为这种影响在随时随地发生着。下属每天都能看到领导的所作所为，不知不觉就表现出领导的做派。

因此，领导要爱护自己的这些爱将，就要提升自己的品德，不要生气。领导的德行好，下属就能学到这些好的品质，进而将工作做得出色。

第五，身体不舒服的时候也容易生气，急躁的时候也容易生气。所以，人首先不要急躁，要先缓下来，时时提醒自己，因为一急躁很难不发火。

第六，常常把别人的过失放在心上，借题发挥算旧账，也很容易生气。要知道，那些将别人的“垃圾言语”放进自己纯净纯善的内心里的人，才是最傻的人。而且圣贤教导人们对过错要既往不咎，有些事情既然已经过去了，翻那些旧账又对谁有帮助呢？其实，当下属有错的时候，领导包容他，他会感佩领导的度量，会觉得以后只有做好才对得起领导的宽容，这是人性很自然的态度。

所以，在团体里面，要有一个很好的风气。“见人有善，不嫉妒，要随喜”，就是要赞叹他；“见人有恶，不批评，要规劝或守默”，这个“守默”就是当他还不够信任我们时，我们可以先保持沉默。因为要劝他，等到信任度够了才是成熟的时机，否则贸然去劝他，可能会造成他的误会，他觉得你是不是看我不顺眼，是不是在毁谤我。信任够了，他就知道大家是在帮助他。

领导的德行攸关整个团体的风气，是嫉妒别人，还是随喜赞叹别人，领导在其中起到引领的作用。开早会的时候，领导赞扬某某同仁做得很好，肯定他，支持他；人家做错事情了，不要批评他，要帮助他。“善相劝，德皆建；过不规，道两亏”，领导必须要尽这份道义。

“见人错事”,见到一个人刚好没有把事情做好,要“不指责”。因为事情已经错了，在那里指责于事无补，而且会让对方的心情更糟。见人错，不指责，要协助他，马上帮他处理善后，安他的心。最后处理完，一句话都不骂他，他会难过，会惭愧，也会反省：给领导捅了这么大的娄子，他发现了不仅没有骂我一句，反而赶紧帮我处理善后。因此，他对领导的人格就更感佩。同时，这也是让他借此成长的大好良机，领导抓住这个机会把德行教给他，把做这件事的心态和方法都给他，他就能得到很大的成长。

我们知道内心愤怒的原因了，然而如何来调整这些错误的态度和习性呢？

一是“力忍”。感觉要发脾气了，“压下去，不能生气、不

能生气、不能生气”，这个“压”有点硬压下去的意思，可能有的时候压不住，脾气又要爆发。有些人真的是在压脾气，“好，算了，不跟你计较”，但是压到最后还要算总账，这个方法只能压一时，不能从根本上解决问题。

二是“忘忍”。不放在心上，俗话讲“宰相肚里能撑船”，不与他人计较，这是忘忍。

宋朝王旦做宰相的时候，大臣寇准经常对皇帝说王旦这里不对、那里不好，最后连皇帝都有点听不下去了，就跟王旦说：“这个寇准老说你坏话。”王旦是宰相，有度量，他说寇准这样说是出于忠君爱国之心，自己做宰相那么久了，一定有很多问题。

过了一段时间，寇准向王旦说：“你推荐我做宰相吧。”其实，寇准有真才实学，他也很想为国家做事，所以主动毛遂自荐，王旦却说：“宰相这个重要的位置怎么可以是要来的呢？”寇准很难受，就走了。

后来，王旦年纪大了，临终之时，皇帝问他：“你走了以后谁做宰相？”王旦说：“寇准。”

我们看当初寇准对王旦批评最多，但是王旦完全没有放在心上，还推荐寇准，这才是宰相的度量。

后来，寇准当上了宰相，叩谢皇上的龙恩。皇帝跟寇准说：“你知不知道谁推荐你做宰相的？”寇准说：“不是皇上您吗？”皇帝说：“不是，是王旦推荐的。”王旦给他上的这一课，寇准终生都忘不了，这样大的度量就是“忘忍”。

三是“反忍”。自己因为某事不高兴，然后与别人起冲突了，首先要反省自己有没有不对的地方，反省的态度出来了，火气就开始往下降。为什么很多人的火气降不下来，因为都是觉得对方错，不是自己错，所以情绪才会越来越高涨，越来越激动。

有两对夫妻住对门，有一对相处得非常融洽恩爱，另外一对小吵天天有，大吵三六九。

这个太太她就很纳闷，同一栋楼的风水应该差不多，为什么人家两口子相处就这么好呢？后来她就去请教对方是怎么相处的。对方的太太就告诉她：你们家都是好人，我们家都是坏人。她一听，你们家都是坏人每天这么融洽，我们家都是好人每天吵，这是什么道理？有点听不懂。

对方看她的表情好像不是很理解，又举了一个例子：我给我先生倒一杯水，我先生走过去，不小心给它打翻了。我一看到马上说：“哎呀，先生，对不起，这个茶我没有放好，让你撞到了。”边说边拿抹布把它擦干净。先生一看很舍不得，“太太，是我不对，我把你的心意给糟蹋了，是我不对，来来来，我擦，我擦。”两夫妻在那里抢抹布，“咔”，抹布给抢破了。

大家想一想，假如有夫妻因为抢着要擦桌子使得抹布都抢破了，这个家不旺都难。祖先的话很有智慧，“各自责，天清地宁。”

我们现在被错误的认知以及惯性“套牢”了。其实，它们就像面子一样对我们没有好处，可是我们都被它们牵着鼻子走，都不肯认错、认输。事实上，认错反而会赢得对方的尊重，哪儿会有损失。“天清地宁”，“各相责，天翻地覆”，都是在一念之间造成的结果。所以，一遇到事，人要先想自己的错在哪里，要“各自责”，然后再求同存异，把问题解决掉。

有一对夫妻都才二十几岁，结婚没多久又要离婚，人家就问他们：“你们为什么要离婚？”两个人互相看一看说：“上个月是什么事情吵架了？”他们自己都想不起来了，可能就是一句“我跟你拼到底了，这口气咽不下去了”之类的气话导致的。

因此说，情绪对个人的人生发展有着巨大的影响。人们只有学会控制自己的情绪，才能掌握未来。掌控不了情绪，修身、齐家、立业都是空谈。

其实，不只是夫妻是这样，一个团体也是一样。今天领导要开会议，第一个同事上去了，“这一件事情你们那个部门搞得乱七八糟的……”接着就开骂了。第二个人上去就会反击：“你也没好到哪里去，做得不好还骂我们。”结果这个会就越开越误会了，“各相责”，最后开成批斗大会了。假如一开始，第一个同事讲：“哎呀，这一次多亏了那个部门，多亏了那些同仁的帮助，非常感谢他们，没有他们，这件事就办不好，而我们自己有哪些不足。”他肯定别人、反省自己，这样会让自己进步，而且也没有吃亏。第二个上去的人说：“他们做得很努力了，我们哪里不足……”

“各自责”的会议开出智慧，每一个会议开完，所有好的继续保留，不好的下一次改进。所以，会议很重要，能够增加智慧，增强使命，提升德行。

四是“观忍”。因为一件事情肯定有整个因缘和来龙去脉，我们生气往往是由于别人现在的这个强横态度，“我受不了，他怎么可以这样跟我讲话”。可关键是，别人昨天家里可能遇到了很大的问题，或者是他心情很不好，或者没有人给其一个肯定，或者是他完全觉察不到自己的错误在哪里。

有个学生经常打架斗殴，已经被 3 所学校劝退过了，后来，他来到了我们学校。这个学生的所做所为确实让很多老师都很气愤。可是，我后来去了解情况，发现他妈妈是泰国人，早就不知道去哪里了；他的爸爸又是流氓，根本不照顾他。他只好就跟社会上的流氓厮混在一起。我们对这个学生有所了解之后，知道了“症结”在哪里，找准方法，对其加以教育和引导，使之走上正途，这样就不至于让自己产生负面的情绪了。这就是“观忍”。

五是“喜忍”。这个“喜忍”就是要修身，觉得所有的人都是自己的老师，只有自己是学生。所有的人都是来给自己出考卷的，考考自己目前的修养到哪里。比如领导在接触下属过程中，说：“哎呀，多亏了你提醒我，我修养还不到位。”对下属心存感激，认为下属是来提醒自己还有哪些不足的，然后就会高兴地接受任何人给自己的考验，因为其他人是来成就和提醒我们自己的。

大家都有考试的经验。考试的时候，考卷发下来，然后我们在那里作答，一旦写不出来的时候就很生气，然后就对那个监考老师心怀不满与怨恨。静心想想自己写不出来跟监考老师有什么关系呢？他是负责发考卷的，我们埋怨他干什么？同样的，在我们生命中遇到的每一个人都是来给我们发考卷的，他们是来提醒自己的，对自己是有促进作用的，这个就是喜忍的方法。

最后是“慈忍”，就是不分彼此，对所有人都怀有一种慈悲心。当我们有这种心量的时候，看到别人不对，看到别人无理，不止不会跟他生气，还会怜悯他，影响他，让他不要再用这种错误的态度来对别人。

俗话讲：半斤八两，见识一般。今天某个人能让我们生气，那我们跟他计较，跟他生气，这就是半斤八两，我们的德行就还需要进一步修炼。我们若要获得事业的进步，让自己能攀登更高的阶梯，就要收伏自己内心的愤怒，如此才能得人心，才能管理好自己的事业。

第六章

迁善改过：给领导加分的领导力

凡人一身，只有迁善改过四字可靠；凡人一家，只有修德读书四字可靠。此八字者，能尽一分，必有一分之庆；不尽一分，必有一分之殃。

——曾国藩

“修身”最后两个部分是“迁善”和“改过”。

迁善改过就是对是非、善恶、邪正、利害、是非曲直都能判断清楚，是不愚痴，有判断，有智慧。不贪、不嗔、不痴是德行最重要的三个部分，所有的善都从这里延伸出来。

在“迁善”当中，《群书治要》里举的是《论语》的例子。孔子讲道：“三人行，必得有我师焉。择其善者而从之，其不善者而改之。”

与人相处，在一起工作学习，要有一个非常好的态度，就是时时能找到别人的优点，向别人学习，吸取别人宝贵的经验，就“必得我师焉”。

别人有好的德行，我们向他学习，“择其善者而从之”，效法他；“其不善者而改之”，发现别人有缺点，我们不只不指责他，还不因此产生成见。为什么？因为“人之初，性本善”，他现在只是染上坏的习气，我们给他做榜样了，他对我们有信心了，我们就可以帮助他改正过来。我们总是怀着一颗为他好的心，绝对没有指责、挑剔人的心，这样别人迟早都能感受到那份友爱。

《弟子规》其实跟这一句就完全相应了，“见人善，即思齐，纵去远，以渐跻”，“见人恶，即内省，有则改，无加警。”假如不善用心，见人善，即嫉妒，甚至于有时嫉妒得睡不着，“气死了，他又没有比我有能力，还坐我上面。”

不要生气，不要嫉妒，因为嫉妒心对人身心的损害非常大。真正懂得爱自己的人，不自我糟蹋。会把一些不好的思想，不好的习气统统抛弃掉，所以会“德日进，过日少”。我有明德，我有本善，不可以让自我继续堕落。人要有志气，“舜何人也？予何人也？有为者亦若是。”我们只要用心学，也可以像大禹、大舜一样，成为圣人。

所以说，学问就在一念之间，是去学习别人还是嫉妒别人，取决于我们自己。不同的人生态度，造就的人生是有天壤之别的。

在历史上，就有些人一味地嫉贤妒能，总是看不惯他人的德与行超过自己。

秦朝宰相李斯嫉妒他的师弟韩非子，后来，运用计谋将韩非子给害死了，这是嫉妒心作祟的结果。最后，李斯和他的孩子也被腰斩于市。所以，我们看一个人的成败，说到根本处，还是在心灵修养上是否下足了功夫。

《弟子规》说："善相劝，德皆建。过不规，道两亏。"见人家有善行，要随喜功德；见人有恶，不批评，要规劝；见人错事，不指责，要协助。这是我们做人的本分，也是当朋友、当同事的本分。

有个孩子看见母亲进来了，兴高采烈地去端茶杯。可是因为太兴奋了，把它给打破了。母亲如若在这个时候马上指责道："你搞什么？弄得乱七八糟，那个杯子一个多少钱，你知不知道？"孩子在那个当下非常难过，再加上惊恐，最后可能在他心里面就形成一种心理障碍。大家有没有过相似的经验：小时候被一件事吓到了，到了四五十岁了，做梦都还可能梦到。有时候，那种恐惧不会消失，会一直在心中浮现。

因此，假如那个时候，母亲没有马上指责，而是循循善诱："孩子，小心，别刮到手，来，来，来，把扫帚拿过来……"刚好教孩子如何处理这些情况，等处理好了，安抚一下孩子："孩子坐，孩子，妈妈知道你端那杯水是对我的一份孝心……但是以后做事情要记住不要慌张，慢慢来，步从容，立端正，事勿忙……"

这个时候，家长通过这种方法与孩子沟通一点障碍都没有。孩子听完，会觉得母亲真是最了解自己的人。同时，他通过这件事情也记住了传统文化中的道理。

但假如每一次孩子的心意都被父母误解，被指责，他和家长的距离就只能是越来越远。

所以，我们看迁善，其实还是心地的功夫，要去掉我们的嫉妒，处处效法学习别人。

“见其不善”，有时候我们看到人家错了，生气、指责、对立，这都不是正确的态度。见人错了，要像对待自己亲人一样，赶紧想方法帮助他改过。心地越厚道，福气也就越来越多。

我们都能背诵“见人善，即思齐”这句话，假如只是背诵阅读它，它叫知识。可是我们如果按照它来做，这一句就会变成我们的态度，而且是随时随地的态度。

有时候，我们对很多事情都没有思考得很深入，没有善用心，想得都很肤浅，所以就没学到正确的观念。

每一个道理都有深度，都有广度，真正要受益得要深入其中并端正自己的态度：我真学了吗？我真效法了吗？这才是真正在落实。

很多人到了中年的时候常常会犯一个毛病，“哎呀，我是怀才不遇，我的人生就是没有遇到贵人。”事实上，讲这种话的人会越来越没福气，因为他总是怨天尤人。一个人的福气叫福田心耕。今天这个心是善心，他今天的福气就增加。今天这个念头是恶心，他的福气就减少。一个人一天的福气每天都有加减乘除，小善加，小恶减，大善乘，大恶除。

比如有一些人讲话很刻薄，每次讲完话，别人听了接受不了，愤愤不平。这样的人讲一句话，可能会消减更多的福气，还可能会错失更多美好的事物。

孔子教四门学问，德行、言语、政事、文学，德行是基础。人与人相处，言语互动很多，所以言语的修养也要学。一个人讲一句话可以不断积福，人家有误会了，我们讲一句话化解；人家很沮丧了，我们讲一句话让他人生重新振奋起来；我们把好的榜样宣扬出去，让大家效法，“道人善，即是善”，嘴巴一天可以积善多多。可是假如每天就是散播是是非非、恩恩怨怨，那每天也会积蓄不少恶。

“亲有过，谏使更。恰吾色，柔吾声。谏不入，悦复谏。号泣随，挞无怨。”这一句话里面，所有讲话的学问都在其中。

第一个，讲话的目的是什么？为他人好，叫“谏使更”。很多人去劝人家，劝到最后弄得自己很生气，因为觉得“他都不听我的，气死我了。”而我们当初的目的是要让他改过，又不是让他听从我们。这目的显然就已经搞错了。我们的目的假如是要让他改过，就会想更好的方法，而不是在那里生气。

所以，我们看人其实是不容易冷静下来的，要时时很清楚自己的目的和动机。倘若他不改呢？调整方法就好了，根本用不着生气。

接着是态度。“怡吾色，柔吾声”，态度要好，人家才容易接受。“谏不入，悦复谏”，他不听了怎么办？要有耐性，所以我们看那个“复”，重复的意思，就是劝人要有耐性，因为劝一个人鲜有一次就劝通了的。

“悦复谏”，那个“悦”字就是说人要学会观察劝人的时机：他今天笑容可掬，心情不错，可以劝；假如他今天脸色很难看，明天再说。比如领导在那里很不高兴的时候，还劝他，那是找打；领导今天很高兴，旁敲侧击，提醒领导的问题，纵使领导不能理解，也可以为以后解决问题做铺垫。因为我们只想着解决问题，绝对不会因为领导对我们有情绪而放在心上。所以我们看一句话其中蕴含着很深的学问和道理。

以上我们讲的是“迁善”，下面接着谈谈“改过”。

经文当中说到“大忌”。这个“忌”字大家要注意，是指很大的忌讳。“知身之恶而不改也”，明明知道自己身上的缺点过失，不愿意去改，这样，坏的习惯就慢慢变得越来越严重。就像人生病了，病刚发生，我们不去治，最后就会恶化。习性也是这样，最后会伤害自己的身心，所以“以贼其身，乃丧其躯”。很多人傲慢、狂妄，惹来很大的罪过，甚至是杀身之祸，最后就“乃丧其躯”。所以“有行如此，之谓大忌也”，就是人时时都不愿意改过的时候，这个就是他人生最大的障碍和忌讳。

“学如逆水行舟，不进则退”，做人其实和学习也是同样的道理，人不改过，就会一直沉沦下去。

假如人进入一个大家庭或者一个团队里面，都是“德日进，过日少”，那会带动来更多的人来这里成长，来这里成就共同的事业；假如到了一个团体里面去，德行都是堕落的，那没人敢去了。比如我们这个教育中心，很多父母会把他们的孩子送过来学习，因为他们觉得“在这里好，这里的领导、这里的负责人都是行为世范，学为人师。”这就是好的德行带来的示范效果。

人在改过之前还要能知道自己的“过”在哪里，具体怎么办呢？每天晚上静下来思考：我今天从早到晚哪个念头不对，哪句话讲错了，哪个行为不妥当？沉淀一下，把它们记下来，提醒自己以后不要再犯，这样就是让我们时时查过，时时改过。不然日复一日，年复一年，过了十年、二十年的时间，老毛病还是依然照旧，这就很可惜。

在改过之前，要知过、悔过。而这个知过，除了自己要高度警觉，时刻反省之外，读书的时候也要对照自己，感觉到它的教诲。若是还感觉不到，就需要我们身边的人来帮助自己。所谓“当局者迷，旁观者清”，尤其跟我们最亲近的人，他们对我们自己的毛病特别清楚，比如自己的另一半。可是很多人对这个道理没想通，往往另一半讲话最不想听，因为面子放不下，都喜欢听好听的，夸奖表扬的话就跟喝酒一样，麻酥酥的，令我们很舒服。

而事实上，人要有德行，要有大成就，一定要听得进忠言，正所谓“忠言逆耳利于行，良药苦口利于病”。《弟子规》讲：“闻誉恐，闻过欣，直谅士，渐相亲。”所以希望最亲近的人给我们提问题，希望领导、同事给我们提问题。大家集思广益，发现整个团体的问题，一改正，这个团体就能不断提升。假如大家都不愿意了解情况，不愿意看到问题，一味地粉饰太平，只听好话，不听老实话，最后肯定出状况。因此，一个团体里面如果能够都讲实话、讲真话，这个团体定会强盛。

改过必生智慧。如果人人都遮短，那么就是“过能改，归于无。倘掩饰，增一辜”。而且做领导的如果不改过，底下的人必然会丧失信心。

领导有人格魅力，知道迁善改过，下属就会佩服，他觉得领导的人生太有意义，他愿意跟随领导，愿意效法领导。可是假如领导都不愿意改过，得不到下属的支持和协助，这如何能增强管理者的领导力呢?

第七章

立志力行，领悟管理大道

志向必须要非常远大，毅力才会顽强。过去常讲“君子立恒志，小人恒立志”，一个伟大的人一生选择一次，一个平凡的人每天都在选择。

记得毛主席曾经说过：“错误到头了，真理就出现了。”所以，有时你不仅是要坚持正确的，也要敢于坚持自己认为是正确的，但别人认为是错误的东西。

——冯仑

以前，我还没有到学校教书的时候，总觉得小学老师的工作真是轻松，而且寒暑假的假期又特别长。国内小学暑假一放就是两个月，过年的假期则有 21 天左右。

直到后来我自己当了小学老师，才知道那些假期是给老师用来喘息休息的。因为小学老师的班上有几十个学生，这些孩子每天的安全、德行、成绩、成长，老师都得挂在心上，都要下工夫去教育，去培养。

我母亲是小学老师，教了 30 多年。记得有一次舅舅就对我母亲说："你教书教了这么久，怎么都没有记功嘉奖？"我母亲回了一句话："学生都没出事就很好了，还记什么功？"我那个时候听了就觉得这里面很有意味，但是体会不深。直到我自己当了老师，才深深地明白了其中的道理。

有一次，学校组织大扫除，有个小女孩她负责擦玻璃。玻璃窗分上层和下层，上层比较高，于是她就爬到第一层要擦最上层。后来，她想把第二层的玻璃拆下来擦。结果要拆的时候，我刚好经过，她就抓住上面那四片玻璃问："老师，可不可以拆下来？"我说："不行。"话刚说完，小女孩没有抓稳，一下子就倒在了地上，四片玻璃刚好压在她的身上，全碎了。我当时什么念头都没有，只是想着不能让她受伤。当整个玻璃碎在她身上的时候，旁边的同学就很紧张，有的小孩子比较冲动，马上就要过去帮忙。

我说："全部给我停住，赶紧去拿扫把。"然后指挥他们将整个木框拿走，把那个孩子拉出来。幸好孩子毫发无伤，现场也都很快清理好了。我当时很镇定，没有其他的念头，也没有害怕。等我全部弄完了，才开始感到后怕。

经历了这一件事情，我想到了母亲曾经说过的那句话，就更能深刻体会到当父母、当老师、当领导的那个责任真是很重。

有一句俗话叫“事非经过不知难”，我们在旁边看，都觉得事情很简单，而且还很会批评，很会挑剔。而很多时候，人往往都是经历一些事，才能体会其中的意义。

所以在这个时代，当领导的都不容易，都是需要很用心的，要用心做事业，用心管理企业，还要用心学习古今中外的智慧。

学贵立志，要立大志，为团体，为民族，甚至为世界。学贵力行，学习还要贵在能够身体力行，学一条，做一条，就得力一条。我们一边学，一边把这个道理变成我们的心态和处事的原则。

前面提到“戒贪”，我们看《商道》（韩国大型历史电视剧，讲述的是朝鲜巨商林尚沃从一个卑微的杂货店员成长为天下第一商的传奇故事）里面的一些片断，洪德铢大师送给林尚沃先生一个杯子，事实上送给他的不仅仅是一个杯子，更重要的是真善学。不同的人看这个情节可能会有不同的理解。会学的人，看下来，每一个人的德行都学到了，每一个人的错误都引以为戒，自身的智慧都会有所增长。因此，只要用心，处处都会有体悟，处处都能有智慧。

讲到“勤俭”，在《商道》里，江湾商都房（意为行业领袖）洪德铢先生在成为义州第一财主的时候，吃饭还是以一碟酱油为配菜，他的欲望始终没有膨胀，始终秉承着“赚取人心比赚取金钱更重要”的信念做生意。所以，他培养出来的人都讲究道义。

《商道》里面每一个人都在表演，大家可能认为三浦好像是个丑角，专门给观众带来欢笑的。可是仔细看就会发现，在面对洪德铢大爷的时候，他的每一个表情都是忠臣的表情。他和林尚沃先生，要去请大爷回到湾商的时候，说他们已经有重新恢复湾商基础的时候，那个三浦哭得死去活来的，表现出来的真是忠心。所以，勤俭的榜样施加给其他人也都是美好的品德。

说到“惩忿”，我们想林尚沃先生假如没有惩忿，他去报了仇，最后定然毁了他自己的人生，最难过的还是他活着的母亲和兄弟姐妹。而他的人生也将会是另一番情景，也不会有后来的巨大成就。

其实，我们的人生不是只属于自己的。很多人认为自己的事自己管，自己的健康自己负责。这种人太狂妄了，也太自私了。如若他真的生病了，自己不能照顾自己，最后还得是最爱他的人来照顾他。

所以，真正负责任的人，真正有情义的人，时时想着要健康，要有德行，要让所有爱我的人不要再为自己操心，而是以我为光荣，这个才是有情有义、负责任的人生态度。

而在《商道》里，林尚沃先生的愤怒也曾经到达了极点：我一分一秒都没有办法停止我的仇恨，我一定要去找他报仇。但是，他遇到了贵人，遇到了修行的大师，转移了他的注意力，“请问我手上有什么？”林尚沃先生在大师问完他这个话之后，那一段时间，他意识到自己脑海里存在着的是虚假的仇恨，心境一转，人生就是另一幅画面了。

在现实中，有些人总说："我这个人就是这样，我脾气就是这么大，我没办法。"其实我们只要内心时时保持着一种"惩忿"的意识，它自然就能控制住我们非理性的愤怒。

无论是修行，还是力行都要从最难的地方下手，商道大师引导林尚沃先生的智慧更值得学习和领悟。因此，领导者要将自己的角色扮演好，对员工，对下属要指导他，引导他，教导他，最后再启发并鼓励他。

这个方法在《礼记·学记》是最精辟的教育哲学。而在这个教学方法中有三句很好，即"道而弗牵、强而弗抑、开而弗达"。

"道而弗牵"，引导他，不要强迫牵着他的鼻子走。因为都是大人了，我们要让他能明理，让他能接受，而不是强迫他，而有时候强迫会适得其反。

"强而弗抑"，"强"就是鼓励他，但是不要压抑他，不要贬低他。

"开而弗达"，"开"就是启发他，"弗达"就是不要把所有的道理全部都讲完了，好像填鸭式地把它灌下去，我们要启发他，让他自己去体会，去思考。

所以在这个时代，领导真真切切有很大的重担压在身上，既要增长自己的智慧，还要栽培他人，真是不容易。

而一个人的智慧在哪里呈现呢？他看每一件事，如果仅是停留在这个表象上，然后就不高兴了，就生气了，这样看事情是很浅浮，很浅薄的。

其实，人这一生所有的问题都不是出在外面，而是出在我们自己身上。假如我们学习了《群书治要》，听的时候很感动，开车回去的路上很激动，回去之后却一动不动，这也是没有任何意义的。

有一位女士是个幼儿园园长，她学习了5天传统文化，就感悟颇多。某天早上要来的时候，她和她先生吵架：“你有什么了不起？你等着，我5天之后回来跟你办离婚。”结果第4天上完课，晚上分享的时候，她说：“我原来以为都是我先生的不对，其实我也有很多不对……”所以，她当天回去之后就给先生端茶倒水，她先生吓了一跳，然后就说：“你今天很不正常。”结果，这个太太说：“我今天很正常，我以前都不正常，我以后都会很正常。”这三句话发自肺腑，“精诚所至，金石为开”，后来这个太太来上课学习传统文化，都是她先生亲自开车送她来的。

以前读书的时候觉得做考卷就是考试，得了高分就算是考好了，其实这是我们对考试的错误理解。只有我们的心态对了，才可以说考试全过关了。心态不对，考试就是不及格。一个学生考了100分，他马上说：“我好了不起。”若他考试不及格了，成绩不好了，心里反省自己：“我的问题出在哪儿？人家为什么考得好？我要见贤思齐。”借由这一次考试，他的境界和思想就提升上去了。

《弟子规》说：“方读此，勿慕彼。此未终，彼勿起。”这告诉我们做事情要专注，而且是随时随地的，人的修养功夫就是在随时随地立志、践行和专注中慢慢增长起来的。

所以，对领导来说，既要考别人，也得要考自己，内心专注，敢于立志，真正去践行传统文化，就能从祖先的智慧中领悟出经营管理的大道。

第八章

家和才能业兴

我们之所以能怀着希望挣扎求存，是因为我们有以家为中心的伦理观念，有着重宗尊祖的优良传统。家给我们以希望，在困难时给我们生存下去的力量。

——霍英东

我们看《群书治要》中“君道”的第二节，从修身接着谈到齐家，就是“敦亲”的部分。这个“敦”字就是指敦伦尽分，扮演好我们在家庭中的本分。

我们每一个人都要齐家，家庭不和乐，每天的心情都很不好，到其他地方也很难做好工作，也不能给别人带来幸福和快乐。

所以，领导在单位还要教导员工夫妻相处之道和家庭和睦之道。员工自己的家能和乐，心情愉快，才能更有精力来工作，来帮助他人。

很多人说我们中华民族不尊重女人，这是不了解我们民族文化里面的涵养。孔子首先就说，女人是一家当中最重要的“主”。大家听过家庭主妇，但没有听过家庭主夫。家庭主妇是有根据的，是依据孔子的话写出来的。

昔三代明王之必敬妻子也，盖有道焉。妻也者，亲之主也。

“昔三代明王”，就是指夏、商、周这三代的古圣先王，他们对自己的妻子和后代是非常恭敬的。原因就是“妻也者，亲之主也”。妻子是一家当中最主要和最重要的角色，为什么呢？因为妻子是祭祀祖先、照顾父母、教育后代的主妇，所以是最重要的角色。

古人在祭祀祖先的时候，祭祀用的荇菜，都是让媳妇去采的。这个礼俗很有意义，因为有德行的媳妇拿着这个祭礼放在祖先的面前，祖先在那里都会微笑：娶个好女子，我们后代可以旺三代了。娶一个好太太可以旺三代，娶一个不好的太太不仅有败三代的危险，还有可能会一败涂地。

因此说，人生最重要的除了要奋斗，还要学会抉择。要选对自己人生最重要的几个关键点，要找对对象，要找对领导，找对公司，这样我们的人生走的路才有可能会是康庄大道。

子也者，亲之后也，敢不敬与？

对儿子也要恭敬，因为儿子是祖先传下来的血脉，我们要尽力把孩子教育好，这样才对得起祖先，对得起那份职责。

是故君子无不敬也。

我们必须时时都要保持这个恭敬的态度，对妻子恭敬，对下一代恭敬，好好教育他们。另外，对自己身体更要恭敬。

敬也者，敬身为大。

为什么要恭敬自己的身体呢？因为

身也者，亲之支也，敢不敬与？

伤了身体就会让父母担心，就好像树一样，我们伤了树木的枝干，其实就是伤了它们的根。

不敬其身，是伤其亲。伤其亲，是伤其本也。

伤了父母的心，就是伤了我们做人的大根大本。

古圣先贤就是要告诫世人对家里的每一个成员均要持恭敬之心，正所谓家和万事兴，家不和有可能就会对我们的事业造成阻碍。

西方宗教认为个人的任何成就都弥补不了家庭破裂所带给人的伤害。我们每一个人都希望经营一个美满的家庭和幸福的人生。家庭美满了，身心安顿，没有后顾之忧，就可以全心全意地来发展事业，来服务社会。

但假如先生在外面努力工作，太太在家里时不时就打一通电话，发发牢骚，这个先生的心情肯定不会好，甚至于男人到最后因为接电话接到得抑郁症的也有。

我在一家大公司工作的时候，领导说他结婚后有一段时间，每次要进家门前，都要先在自己的社区里走上好几圈，然后再提起勇气进门去见他太太，由此可见，他当时和太太讲话的压力是何其之大。

古圣先贤认为“男不忠良，女不柔顺”是人的“恶行”之一。男人忠良，女人柔顺，这样才能营造一个美满幸福的家庭氛围，这也是事业最重要的基础所在。

人没有孝养父母，没有照顾好爱人和亲友，其实在德行当中就有亏损了，这样的人怎么会有大成就呢？

我们来看《商道》里面的林尚沃先生，他所以有这么大的成就，首先归于他有好的家教。他的父亲严格地教导他，而他的母亲又非常仁慈有道义，全心全意支持先生的志向。他的母亲曾经饱受困苦，后来做生意赚了一点钱，不忘布施饭食给乞丐，还把大量的小麦发放给穷人吃。为何会如此？因为她能设身处地为别人想，“人饥己饥，人溺己溺”，还有助人为乐的胸怀和道义。

有这样的太太，男人的事业再怎么跌到谷底，他都能有积极向上的力量和动力。

因此，一个人自始至终相信自己的至亲，他这个人便不会轻易倒下来，即便是失败了，只要家里的每个人都支持他，他仍然能够东山再起。但当一个人认为谁都不相信他的时候，他往往就会丧失信心，甚至于彻底沉沦。

我们看历史上那些伟大的人物，他们取得成功的最重要的基础之一就在于他们的家道。

中华民族讲究饮水思源，知恩报恩。按照中国古代的礼仪规制，当朝大臣的父亲去世的时候，葬礼用一般的葬礼，可是以后每一年祭祀他的父亲，全部用大夫的礼来祭他父亲。因为这个礼就表示这个老人为国家培养了一个栋梁之才，故而每一年都要怀念这个老人。

由此可见，我们这个民族真是将厚道做到了极处，这也是在启发我们后代的敦亲观念。

有一句话叫：不孝有三，无后为大。所以我们对于家庭最重要的责任便是要培养好下一代，对得起祖先，对得起后代，每一个人对家庭都有承前启后的责任。

不只在家庭是这样，在团队这个大家庭里面也是如此。我们要承前，所有前辈、领导者的风范要通过我们传承下去；我们还要启后，社会大家庭当中代代都要出人才，出精英。这便是我们对团体、对社会的忠心。而一个人最大的福气，便是时时存忠孝之心，那么后代一定有后福。

我们要把后代教育好，要让他们成才，我们自己首先要能看得高，看得远，看得清楚。

我们一直在强调做人处事要务本。而所有做人处事的方法和观点，我们都要传给其他人，传给我们的下一代。“孝顺为齐家之本，信义为立业之本”，事业的大根大本在信誉。“学问为济世之本”，人有高度的智慧和学问，才能利益家庭，利益他人。“有恒为成功之本，服从为负责之本”，在团体当中，那些坚持不懈、有责任心的人，他们走的弯路往往最少。所以，这一切都是务本。

子曰：爱亲者，不敢恶于人。真正爱护自己父母兄弟的人，不敢以这个厌恶的态度来对待他人。因为爱护父母这是孝，一个人的仁慈之心是从孝悌当中自然流露出来的。所以，《论语》里面讲“孝弟（通“悌”）也者，其为仁之本欤”，这是一个人仁爱心的体现。

其实，我们看一个人如果以友爱之心对待兄弟姐妹，那么他就能够去爱护同学，关心同事。而且所有人与人的关系都离不开家庭，孝对父母，悌对兄弟姐妹。一个人到学校里去，称呼老师叫师父，称呼同学叫师兄弟；到社会某个行业或者单位里去工作，他的领导就是他的师父，他的同事也是他的师兄弟。所以，在我们中华民族当中，团结不用去强调，在我们的文化因子的牵引下，人们自然而然就能团结在一起。

因为有爱护父母家人的这一颗孝悌心，这一颗爱人的心，所以不会“恶于人”。“敬亲者”，尊敬、恭敬自己的父母、亲人，他的恭敬心有了，就不会对他人傲慢。

大家可以用心去感受这种场景：一个人非常尊重自己的哥哥。某天，他到朋友家做客，朋友对他说：“给你介绍一下，这是我哥……”在那个场合，他的心里一听到“哥哥”这几个字，对自己亲人的那个恭敬心随之也就出现了。

同样的道理，对父母很恭敬，当别人向自己介绍他父母时，那种对父母的恭敬心自然也会提起来，因为爱人、恭敬人的态度内化了。

“爱敬尽于事亲”，用一颗爱敬的心善待父母；“而德教加于百姓”，行孝的天子（或者皇帝），用德教教化百姓；“刑于四海”，这个“刑”就是模范、榜样，给天下人做榜样；“盖天子之孝也”，这才是一个领导者应该遵循的孝道。

事实上，很多企业家在学习了传统文化之后，很有感触，也是积极践行。有的领导在员工大会上请自己父母上台，主动给父母洗脚，所有的员工都为之动容，领导带头来行孝，这就是“盖天子之孝也”。

此外，领导还要意识到员工的父母信任自己，员工的妻儿信任自己，员工在团队中工作才会安心，所以领导要对得起他们的父母，对得起他们的家人，让他们的家人放心。

《尚书·吕刑》里面有一篇讲道：“一人有庆，兆民赖之。”一个天子有德行，他的老百姓就都有福了，都会去效法他，都在他的厚德庇佑之下。同样的道理，一个团体的领导人有德行，有孝心，他的团体就都有福，团体的每一个人都会效法他的德行。所以，身为一个领导者，自己的一言一行、一举一动都必须要给底下的人做好榜样。

一个人对于家庭，对于事业有源源不绝的动力，跟心存忠孝有着极大的关系。

一个人忠于家庭、忠于父母、忠于国家，这个人往往就会勤奋努力，根本不用别人催促；一个人非常讲信用，他所承诺的一定给别人办好；一个人对事业非常有责任感，坚守着那一份信义，这样的人怎么可能不成功呢？

我父亲那一代人读书不用人家催促——做事业不用父母担心；组织家庭了，不用父母操心。可是到了我们这一代，就差得很多，读书要父母督促，做事业要亲人操心，组织家庭、生了孩子还要让老人劳心劳力。

所以，我们需要反思自己。若能跟曾子一样能时时反省，能时时心存忠孝，加上一种好学的态度，就可以“德日进，过日少”。

《弟子规》讲“亲所好，力为具”，人有了努力的根本动力；然后在学习的过程当中又“见人善，即思齐”，拥有好的学习态度；听不懂的“就人问，求确义”，一听完老师讲了，没明白的，赶紧主动去问；懂得“德有伤，贻亲羞”，学习都“见人善，即思齐”，又“心有疑，随札记”，然后又规划自己的读书时间，又“宽为限，紧用功”；然后上课的时候又很专心，“方读此，勿慕彼。此未终，彼勿起”“心眼口，信皆要”，那么一个人的家庭和事业自自然然就越来越好了。

其实，大家所学的东西真正去落实，才会有智慧，有智慧才能成就学问，才能经营幸福人生，才是真有福，生活才真正能自在快活。

第九章

每日三省，让事业更长远

不论国家或个人，没有反省就没有进步。同样的道理，没有反省的公司，也会停顿不前。从这个意义上说，进步是由反省诞生的。不能因为业绩上升，就认定昨天和以前的做法是对的。一定要知道，今天的做法并不能得到满分，一定还有值得改进的地方，然后每个人都以100分为目标去努力。即使做不到，也要经常保持这种反省的态度。

——松下幸之助

古人说：一言兴邦，一言丧邦。这说的就是一句话对一个人、一个家庭、一个团队的影响很大，成功或者失败往往都是在一念之间就决定了。

所以，领导要注意自己的言辞，要随时反省自己的问题，如此才能让自己的事业走得更远。

“少说抱怨的话，多说宽容的话。”抱怨带来的是不满和记恨，所以不能讲抱怨的话，要说宽容的话，宽容、感恩乃是智慧，它能扩宽大家的心量。

北宋政治家范仲淹在两岁的时候，他的父亲就去世了，母亲贫困无依，只好带着他改嫁山东朱氏。生活虽然很困苦，但他的母亲却非常有修养，教育孩子不讲抱怨的话，告诉他要学会宽容和感恩，以后若有成就要光宗耀祖。

后来，范仲淹功成名就，马上又恢复了他本来的姓，这个都是他母亲给他的教导。不只没有记怨，从这个困苦的人生际遇当中，他还学会了去帮助苦难的人。所以，范仲淹最终才能成为一代圣人。

同样，领导培养自己处事的良好修养，也能成就整个企业的良好风气。

这一点我自己很感激自己的母亲和爷爷。爷爷常常提醒我们说：“你妈妈多辛苦，照顾你们3个孩子，还要每天去教书，时不时还要回来哺乳……有时候下课铃一响，你妈妈就趴在桌上昏过去了，就是因为太累了，最后都是学生把她摇醒的……”

爷爷都给我们讲妈妈好在哪里，妈妈都讲爷爷好在哪儿，奶奶好在哪儿。所以，一家人的关系都特别融洽。

“你们小时候爱哭，妈妈明天还要教书，每天晚上，你爷爷会催促我赶紧去睡觉，他自己来哄孩子睡觉……”我妈妈还说，爷爷是将一根绳子系在摇篮上，然后用脚摇绳子，最后练成功夫，可以边睡边摇。妈妈、爷爷把家人的好告诉我们，我们一生都不敢忘记这些恩德。

因此说，所有人都是忘怨记恩的心胸，“恩欲报，怨欲忘”，那么这个团队一定和谐，一定兴旺。唐太宗开创了贞观盛世，他也常常说：“我们国家能这么兴旺，多亏了魏征，多亏了诸位大臣的付出。”君王感念这些大臣对国家的贡献，因此，大臣们也竭力辅佐君王治理国家。

“少说讽刺的话，多说尊重的话。”讽刺显得轻视，会让人难以难受。尊重增加了解。越尊重别人，别人心里的话就越会对你说，跟你交心。而且这些话也提醒我们：“己所不欲，勿施于人。”我们也不希望人家给我们讲抱怨、讽刺的话。

“少说伤害的话，多说关怀的话。”要知道伤害会形成对立，关怀往往能获得友谊。

“少说命令的话，多说商量的话。”命令只是接受，而这个接受是敢怒不敢言的接受。但假如是商量，集思广益，则会把大家的积极性都调动起来，不然领导说：“你这里做得不好，那里不行，你们这些意见都不好。”底下人说：“好吧，都你做吧，你最厉害，都给你。”然后，底下人就等着看领导的笑话了。这也不能怪别人，领导都不信任下属，不尊重下属的意见，自然就不能调动下属的潜力和积极性。

汉高祖刘邦他为什么能做上皇帝？因为他会欣赏，他会肯定每一个人，让他们都发挥潜力，“韩信好厉害，打仗他第一。萧何好厉害，财务交给他管理没有问题。张良好厉害，运筹于帷幄之中，决胜于千里之外。他们都好厉害。”

做管理的人假如自己忙得疲惫不堪，那就需要调整，应该是把底下人的潜力都发挥起来，带动起来，然后自己解决核心问题。做决策的人不能太忙，他要思考，要冷静，绝对不能当到最后变成工友，用闽南话说就是那个下课铃，“下课了、下课了”，如果这些杂事都得领导来做，那就麻烦了，估计离“下课”也不远了。

可是有些领导老是认为底下人无能，然后自己忙得死去活来，其实不是下属无能，而是自己不知道如何当这个领导。

第二次世界大战时期的盟军总司令艾森豪威尔将军只管四个人：陆军总司令、空军总司令、海军总司令，还有一个参谋总长，他就管这四个人。他每天的工作就是爬山，打高尔夫球。为什么？因为他要决策，他一个决策出现失误，几万人可能因此就丧了命。因此，他要随时保持内心的平静，然后对各种信息做出判断。所以，领导绝对不能忙，要授权下去，让底下的人发挥作用，这就是我们常说的“商量才是领导”。

“少说批评的话，多说鼓励的话。”批评造成隔阂，鼓励激发潜能。虽然这样讲，我感觉指责别人的心现在依然很强，每遇到事端，自己的负面情绪还是很容易产生，所以写了一句话在自己的笔记本上，以便时刻提醒自己，这句话就是商汤王说的：

朕躬有罪，无以万方；万方有罪，罪在朕躬。

这句话的意思是说：我本身自己有过错，请上天不要牵连万方的百姓；万方的百姓假如有罪过，都是我没有做好榜样，都是我没有教育好他们，所以罪不在他们，“罪在朕躬”，罪过都由我一个人承担。

在中国古代，一旦遭遇天灾，天子都要到天坛去忏悔自己的过失，这个很可贵，是当领导的榜样，所以“圣人常受天下之责，而无责人之心，是以终无怨”。团队里面经常会出现不和谐的“声音”，而这有时候就是因为领导没有先自我反思，一味地先要求底下人，底下的人就认为领导自己都没做好，还责怪我们，怨恨因此就产生了。

子曰：躬自厚，而薄责于人，则远怨矣。

这个“躬”就是自我反省的意思，对别人宽容，“薄责于人”，这样才能远离别人的埋怨和怨恨。孔子还讲过“正己而不求于人，则无怨”，不去苛求别人，不去要求别人，自己先正己，先做好自己该做的事情。

其实，领导若真的有这个态度，做得越好，底下的人就越感佩，就会跟着效法。假如领导的精力都用来看他们的过错，那么要改自己的过就很困难。“工于论人者”，都论别人过错的，“察己必疏”，因为没有精神气力去看自己的问题。

曾子是传孔子之道的。他说道：我每一天反省自己，从三个方面来反思。这就是我们很熟悉的“吾日三省吾身”：

第一个，“为人谋，而不忠乎？”我们对于自己所负责的工作、职责，要有“忠”心，要尽心尽力去做。如果是企业领导，就应该反思自己的工作有没有做好？有没有对得起员工，对得起团队？假如是单位干部，要想着有没有对得起国家，对得起老百姓？

第二个，“与朋友交，而不信乎？”与朋友相处，自己所承诺的事有没有做到？人无信不立，一个人没有信用，他就没有办法在社会立足，所以与朋友交，要有信用。

第三个，“传不习乎？”祖先的教诲或者老师传授的学问，自己有没有好好复习，好好落实？

这些是“君道”的第三节“反身”的重点，都是要求领导者能时时反省自己，反求诸己。

第十章

知人善任，杜绝流言蜚语的干扰

人才是企业成败的关键，惟有顺其自然，不凭自己的好恶用人，容忍与自己个性不合的人，并尽量发挥其优点，才能造就人才。提拔年轻人时，不可只提升他的职位，还应该给予支持，帮他建立威信。

——松下幸之助

我们在反省的同时，还要“尊贤”，这是“君道”第四节的核心内容。

无常安之国，无恒治之民。

没有始终安定的国家，也没有永远顺服的百姓。治家、治企、治国都是一样的道理，那么怎么样才能安定下来呢？

得贤者则安昌，失之者则危亡。

如果你是学校的领导，起用的每一位年级主任都很负责，那么你就轻松了，这都是用人的重点。领导把单位或者部门里重要岗位的人选用对了，那么他的政令就很顺畅，就能得到很好的效果。

自古及今，未有不然者也。

对那些在企业担任要职的干部，领导要尊重他们。现在这个社会，有时候过于功利，最后变成把人当工具，往往对人缺少了一种尊重之心。

现在企业界好像有一股风气，叫你要我的钱，我要你的命。好多三四十岁的行业精英猝死，原因就是长期在高度紧张和疲劳的状态下工作。

所以，领导对那些重要干部应该是爱护，关心他们的身体，关心他们的家庭，而不能单纯地看到任务，看到那个工作而已。

我在一所学校任教期间，该校管理层因为一件事，最后竟分成了两派。有一天，其中一派刚好在我的教室旁边开会，这时我不去打招呼，似乎有点失礼，可是让我参与，我又不会干。于是，我就拿饼干去请他们品尝，之后说：“你们慢慢聊，我先回去改作业了。”这样做既没有失礼，又没有参与其中。

然后当我准备要走的时候，有一个同事说了：“哎呀，你看人家礼旭都没有说什么，我们就这么多意见。”

后来，我辞掉工作，去澳洲学习，半年之后再回到学校，当初那个争吵最厉害的同事跑来对我说：“哎呀，我错了，应该还是要比较冷静去对待这个事情。”

这一件事情给了我非常大的启示，人都是有良心的。而跟我道歉的这个同事，他很正直，可是领导因为个人的爱憎并不赏识他，所以他才跟领导争吵，但本心还是为了学生好。然而，领导却看不到这些，就认为这是在找他的麻烦，于是盛怒之下，又讲给其他同事听。最后，学校就形成了一个支持校长派，一个是反对校长派，这就是校长的一念之差造成的恶果。

假如在这个当下，校长说：“这一位同事，对不起，我做错了，我没有考虑到你一心为学生好，我很佩服你。”这一段真诚的话就有可能把这一个“大将”给感化了嘛！而一念之差的结果就是，这个校长最终被调走了。

团队需要人和，领导要尊贤，这些都没有做到，问题自然会层出不穷。

无论是一个国家，还是一家企业，都需要很多栋梁之才来支撑和管理。唐太宗功盖寰宇，但他也知道坐稳江山得需要众臣的辅佐才行。因此，他虚怀若谷，尊贤礼士。比如他重用魏征。魏征之前曾经对太子李建成说：“李世民威胁太大了，一定要先杀了他……”最后，李世民登基称帝，他不念旧恶，重用魏征，因为他看到的是魏征的忠心与才干。这就是领导应有的度量。

领导要知人，还要会用人。舜王治理天下，他就用了五个人，然后天下大定。他用大禹治理水利，用契去管理教育，用稷去负责农耕，用皋陶去负责刑法，用伯益去管山川大泽。有了这五个人，天下就安定下来。

可是假如用人用不对了，那问题每天都会出现，就有处理不完的事情。所以领导要知人善任，这也是尊贤的关键点。

齐桓公是春秋五霸中的第一霸，“九合诸侯，一匡天下”。当初，齐桓公和他哥哥争夺王位的时候，管仲辅佐他哥哥，要是让齐桓公先回国，他的主子就做不了国君了。所以，管仲就率军截住齐桓公，并一箭射中了齐桓公戴的一个首饰，但没有射死他。齐桓公知道管仲是神射手，假如发现没有射死自己，肯定会再来第二箭，所以他马上咬破自己的舌头，吐血装死。可是最后齐桓公真正做君王了，知道管仲是贤才，就封他做宰相，因此才创建了影响深远的功业。

所以说，领导要有度量，善于尊贤选能，方可成就自己的伟大事业。

这就是“君道”中的“尊贤”。

再来讲“纳谏”，这个是“君道”的第五节。我们来看一个能接受劝谏很好的榜样——舜王。

舜王讲道：

予违汝弼，汝无面从，退而后言。

“违”就是做错的地方。这句话的意思是说自己有哪些错误，你们要帮我指出来。你们不要当面都说没问题，背后还说我哪里做得不好，有话直讲，不要在后面暗着讲。

现在有一个现象，需要我们大家反思：开会的时候没人提意见，一离开会议室，很多人都有意见。其实，大家在这个会议当中把问题提出来，完全是一件道义或者功德。而在会议上不提问题，在其他场合乱讲，这是造孽。为什么？因为这破坏了整个团体的和谐。俗话说家丑不可外扬，有了“家丑”，还到处宣扬，这对团队的建设和发展是毫无益处的。领导要把这些道理跟大家讲明白，把大家的正气提起来，当然更关键的是领导自身要有这个修养与觉悟。

唐太宗不只纳谏，他还求谏，没人讲话，他便用种种方法让人家把话讲出来。为什么？因为他怕耽误了老百姓的生产生活。

有一次，有个臣子给他提一些意见，提完之后就离开了。太宗皇帝旁边的人就说："陛下，他刚刚批评的很多事情根本就是错误的，您怎么都没有制止他，怎么让他讲，他这样完全是在毁谤您啊！"

唐太宗却认为："我假如打断他了，后面他就不讲了……再来，他一出去说皇上不接受谏言，那以后谁还跟我提意见？"

所以我们看唐太宗被误会了，都没有辩解，反而还有那么大的度量，还能接受大臣的进谏，所以才能以德服人，才能得到臣民们的尊敬和爱戴，正所谓"势服人，心不然；理服人，方无言。"

"君道"的第六节是"杜谗邪"。

当有人进谗言的时候，领导要会判断是非曲直，还要将他的正念提起来，然后扩宽他的心量。

信任和不怀疑非常重要，当别人讲一些是非或者坏话的时候，当领导的不要受影响，一旦受到了影响，可能对很多同仁就有成见，就不能真诚待人。"来说是非者，便是是非人"，所以领导必须要稳住。

《弟子规》说："人有短，切莫揭。"不过有的人形成了一个惯性，好像动不动就要去说他人的是非。

我有一个朋友，差不多50多岁了，他说他最难做到的就是"人有短，切莫揭"。所以，他常常念这一句，念到有一天他想要讲别人是非的时候，那句话突然像剑一样把他的嘴巴封住了，那个念就产生了效果，这就是觉照。他能够察觉到自己这个念头和行为不对了，“不怕念起，只怕觉迟”，然后赶紧把这种错误的念头扑灭。

事实上，别人讲一些是非或者谗言的时候，当领导的如果被影响了，这个团体可能就互相不信任。所以，领导自己不但要稳住，还要教育那些搬弄是非的人：“你这么讲，我想可能另外有原因，还是去了解一下，那个同事平常也是很努力的。”领导要学会让他们提起正念。

其实，人只要提起正念，邪念就污染不上他了。就跟身体一样，正气有了，邪不可干。

记得在我小的时候，妈妈的一些同事到我们家来做客。有时候小孩子的耳朵比较灵，虽然在房间里，仍然会听到大人们在外屋的谈话。那些女同事来了之后，有个人就开始批评自己先生这里不好、那里不好，然后是不停地抱怨。我妈妈一开始都不会讲什么，因为那个同事刚好情绪很不好，要先让她吐吐苦水，稍微缓和一下。结果等她讲完后，我妈妈接口就说了：“你先生也不错哇。你先生，你看几年前哪一件事情不是让你很感动吗？”然后那个同事说：“对哦，也对哦。”在提醒她的时候，她那个感恩和欣赏的态度就产生了，那些消极的东西就消失了。

所以，领导其实可以引导每一个人，在下属遇到阻碍时，就要让他提起正念。他也能够为别人想，能够为大局想。这些道理每个人都能接受，关键是需要被提醒。

比方底下的人说："领导，某某同仁怎么说你。"这个时候领导该怎么办？古人见识广，有度量，可以跟古人学。

我在前面给大家举过宋朝王旦和寇准的故事。寇准在皇帝面前说王旦的不是，皇帝就将这些话转告给了王旦，没想到王旦说："皇上，我坐这么高的位置很久了，一定有很多疏失，寇准是爱国，所以他才会指出我的问题。"

这个话讲出来，皇帝很是佩服。而且这个话一传出去，寇准听了，也是佩服得五体投地。要是王旦马上说："这个人真无理，他那里也很不好。"结果只能是整个团体的人就在那里争是非了，小事就变成大事，大事最后就变成没有办法收拾了。

"君道"的第七节是"审断"。

现在的领导每天要决断很多事情，都要有定力和耐心，充分了解情况后再去判断。有时候，领导在听到一些片面之词后，或者情绪太激动，或者马上决断，结果判断错误，可能误会了一大批人，甚至误会了那个最辛苦的人。

在这个时代，越辛苦、越努力、越改革的人，反而越会被其他人指责。他要改革原本是为团体好，可是一般的人不了解。所以，要改革的人在这个时代遇到的阻力都很大，在别人批评他的时候，领导更要支持他，然后要让那些批评的人体恤这个做事人的不容易，这个都要冷静判断。

就比方大家庭里面的婆婆和儿媳们，最被批评的就是做得最辛苦的那个人，最被疼爱的就是那个嘴巴最甜的人。用闽南话讲就是：做到流汗，嫌到流涎。媳妇做得很辛苦，还被婆婆批评得很厉害。因为婆婆没有看到她付出的状况，然后只会听其他媳妇的奉承，“哎哟，妈妈，你今天指甲油怎么擦得这么漂亮？”“哇，你这个衣服这么好看，真有眼光。”这些人的嘴巴就把婆婆讲得高兴得不得了，那个很努力的媳妇反而没有被肯定。

在家庭里是这样，在社会更是这个道理。所以，领导要善于“审断”，才能把团队管理好。

以上就是关于“君道”的七大部分的解读，这些观点都是人们在修身、齐家、治企当中非常重要的管理智慧。

第十一章

心怀“三宝”，让管理走上正道

今天我做事的风格和为人处世的态度，几乎每一点都能够从我父母身上找到根源。从一个农民到大学生，从一个讲话不完整的人到被认可的老师，从一无所有到拥有上市公司，这一路走来，有一些力量起着重要作用，我从母亲那里继承了许多重要的品质，如坚忍不拔、决不放弃的精神……

——俞敏洪

我们一直在谈“君道”，而“君道”实质的落实，就是古圣先贤讲的三宝：君、亲、师。这是世间最重要的三个角色。这三个角色能把握好，可以给家庭带来和谐，更能够给团队带来正能量。

“君”，指的是领导，负责带领一个国家或者一个团体。“领导”的“导”有着多重意味，比如“主导”“引导”“指导”“教导”“劝导”，有时候还得“督导”。

在做事业的过程中，有时候大家对问题看不清楚时，领导要集思广益，勇于“主导”，不然就有“全军覆没”的危险；有人对于从事的事业在观念上认知错了，对工作有怀疑的时候，领导要能够正确地“引导”和“教导”，特别是在一些人生机会点出现的时候，能适时地“劝导”他；在下属拓展事业的过程当中，领导还要时时检查，时时“督导”他。

其实很多道理都是相通的。例如，当孩子学走路之时，父母肯定要慢慢扶着，然后再放手。当孩子自己走出第一步时，父母高兴得欣喜若狂。

带孩子如是，管理团队，带领我们的伙伴做事业都是同样的道理。所以说，领导不是那么容易当的，他要主导或者领导整个事业，需要劳心劳力，需要以身作则。

“亲”，指的是父母，代表家庭。父母有智慧，有德行，那他们的下一代就会出现人才。家庭安定了，社会才会安定，国家和民族就会强盛。因为家庭是社会的细胞，细胞都健康了，哪有身体不健康的道理。所以父母“亲”重要，特别是母亲的德行好，那后代人才辈出。

自古以来，很多圣贤人士都是母亲教出来的，比如，孔子是母亲教出来的，孟子是母亲教出来的，范仲淹也是母亲教出来的……

事实上，孩子在未出生以前就受到母亲的影响，而且特别直接。孩子出生后是很清净的，既能收到母亲的一个善念，也有可能收到母亲的恶念。

有个孕妇喜欢打麻将，而且她也知道胎教很重要，于是就绑了一个录音机在身上，然后一边放着录音机，一边打麻将。结果她这个孩子生出来以后，晚上不睡觉。因为母亲打麻将经常熬夜，孩子得要听到麻将声才能睡着。所以，我们看母亲在后代的教育问题上真是不能掉以轻心。

有个朋友的脾气很好，可是她的儿子脾气却特别大，她自己也很纳闷。我就问她："你怀孕的时候，那一段时间的工作和生活情况如何？"她说："那一段时间最苦，先生出差在外，所有的重担都压在自己身上，每天烦死了……"其实，她在怀孕的时候，情绪波动特别大，错失掉了教育机会点，所以孩子多多少少就受到了一些影响。

所谓的"师"，就是能循循善诱、不疲不厌、传道授业的人，这就是师。领导要像家人一样去爱护自己的下属，也要像老师一样引导员工拥有正确的价值观，传授正确的工作理念和方法，引导他们以正确的态度面对困难和问题，如此，这才是把"师"这个角色扮演好了。

现在的领导，他们的个人素质对员工的人生走向所起到的影响是很大的。不是说他有一个像样的文凭或者资历，他就能做一个好领导，还必须去引领，去协助，去帮助自己的员工。

同时，领导还要将前辈或者自己的工作经验和智慧传授给年轻人，这样年轻人才会减少摸索的时间，才会少走弯路。很多时候，人正确的心态没有建立，很可能多年以后才知道自己的错误心态偏在哪里。领导的“传道授业解惑”，对想要有所作为的年轻人来讲，那可能就是一笔巨大的精神和知识财富。

而且领导有一颗无私的心，因为“至诚感通”，就会获得越来越多的助力。大家注意去观察，有爱心的领导，他的下属、他的同事都会特别支持他。

我自己在大学毕业两年左右的时间里，差不多换了10份工作，为什么？因为我那时候急切想要赚到钱。我爸爸有一天走进我的书房，说：“哇，你换那么多工作，你的名片都可以开展览了。”后来，我接触了传统文化，在祖辈先贤们的“谆谆教导”下开始研习经典，浮躁的心就安定下来了。以前是想要赚钱，想要享受，转变成去帮助别人，去服务社会。这个心念一转，人生的局面马上就不一样了。

现在，很多人自身能力很高，然后始终有怀才不遇的感叹，就是因为没有遇到能够指点迷津的“师傅”。因为人这一生“经师易得，人师难求”，人师能改变我们很多错误的思想观念。

有一年，我在乡下，碰巧遇到一所学校有位老师因为要生产，不得不休两个月的产假。那一年规定至少是大学毕业生才可以代课，结果学校领导在附近找不到一个大学生，就找到了我，对我说：“你可不可以来教一年级的学生？”我想那些一年级的学生站起来才到我的腰而已，我很怕教书的时候碰到“坏学生”，自己的脾气又不好，万一对学生动起手来就麻烦了。因此，我就推辞说：“不行，我没想过要当老师……”后来学校的人又来找我，实在推辞不过，我就勉强答应了，但心里还是有一些忐忑。

我母亲听说这件事情，马上从家里赶过来，对我说：“我教书 30 多年，我教给你看……这才 7 个孩子，想当年 60 多个孩子，我都教。”

母亲来了之后，我心里就没有那么恐惧了。结果教了一天，母亲说了：“……怎么 7 个比 60 多个还难教？”因为她忘记了，自己那个教鞭已经放下不少年了。现在的孩子是道高一尺，魔高一丈，所以都很不好带。但有了母亲的经验和“教训”，再加上其他人的指导，我开始带这个班。

有一次，我刚好在学校走廊上看到几只蚂蚁已经往生了，俗话讲入土为安。于是，我就把蚂蚁拿到外面给埋了。在我埋的时候，正好有学生看到，他们不知道我干什么，于是就问：“老师，你在干什么？”我说：“我在埋蚂蚁，它们已经去世了，入土为安。”一年级的孩子都很单纯，瞪着大眼睛，认真地听我讲话。

隔天，我看到那 3 个孩子蹲在学校一角，不知道在做什么，我就走过去询问：“你们在干什么？”其中一个男孩先转头过来很认真地告诉我："老师，我们在埋蚂蚁。"从那一刻开始，我觉得我人生找到一个非常有意义的工作，就是教书。

孩子的善心，可以由我的一个动作或者一句话，把他们的本善给引发出来，并让这种善不断地增长。对我而言，这可谓是世间最有意义的事情。

我带了两个月的课，之后就去考师资班了。在去补习班之前，我遇到了陈真老师。能够和陈真老师相识，是因为他的学生是我小学同学的女朋友。

结果，我小学同学女朋友在和我们谈话的过程当中，数次提到："我们老师说，做人应该……"，提了好几次"我们老师说……"。我就主动问她："你所提的老师是你什么时候的老师？是哪个读书年龄段的老师？"她说是小学，我就很吃惊了。我又要去考师资班，以后假如真的顺利当老师了，那这么好的老师影响他学生一生，我也可能从他那学到一些有益的东西，所以必须要拜访一下。所以我就很激动，马上就说："我可不可以跟你们老师见见面？"她说："好，我回去问一下我们老师。"

后来，我与陈真老师见面了，他说的第一句话对我的教学态度影响非常大。他说："30多年来，我的学生教我很多东西。"其实，这句话与《礼记·学记》的一句话是相应的，叫"教学相长"。学生是来成就我们的道德和智慧的，因为"学然后知不足，教然后知困"。"知不足"，知道自己有不足够的地方，"然后能自反也。”他懂得反省，懂得自强，懂得去请教。所以，老师的心态、成熟度是非常重要的。

但是，现在的年轻人马上就让他有这么高的成熟度也是不可能的，必须是我们的领导去引导他，同时将良好的工作氛围建立起来。而且好的工作氛围建立起来，他就不是孤军奋战，他和所有的同事就能一起来面对工作上的问题和困难，互相帮助，互相切磋，做事业自然会事半功倍。

师者，就是要传道授业解惑。领导将自己的工作经验传授出来，那员工们会觉得太有助力了，或许就能解决员工们的一些瓶颈，也可能将他们的烦恼马上消解掉。反过来，员工们的工作能力提升了，就更能够协助领导大展宏图。

以上就是古圣先贤留给我们的“三宝”。欲成大事，这三种精神一定都要具备。领导把人生的每一个角色扮演好了，对于修身、齐家、治国、平天下，是有极大的益处的。

总而言之，作为一个领导者，他要心怀“三宝”，概括起来就是要能守住这几个原则，就在君道当中了。

第一个，“永远治己不治人”。领导都是在看底下人有什么错误，都在帮别人开方子治病，开到最后自己有病都不知道。所以，领导要先对治自己的问题，先反省自己的不足，而不是先去指责别人。

第二个，“托底就下”。一个领导永远想着发现人才，栽培人才，这是真正的有忠心，有远见，有智慧。人才越多，团队才能越兴旺。所以，孟子说："为天下得人。"真正为天下、为团体得人才的，这是真正有仁爱、负责任的管理者。

第三，"不假任何势力"。今天领导让底下的人接受、服气，不是因为位置比他人高，不是因为有权势压别人，而是会不假任何势力，把道理跟底下的人讲清楚，让他们带着愉快和责任心来共同完成工作。

第十二章

抓住为政的法门

尽管每个人都有各种不同的能力，但大多数的人都不知道自己到底拥有何种优秀的能力。

——盛田昭夫

我们在前面谈的是“君道”，接下来谈谈《群书治要》当中的“为政”这一部分内容。

为政就是作为一个管理者，无论是管理国家，还是管理一个团体，抑或是一个家庭，都要秉持“为政以德”的理念，运用古圣先贤的经典智慧，来为国家和社会做贡献。

为政的首要是务本。管理者想要让政令畅通，想要让事业得到进步，就必须找出得与失的根源在哪里。有一句成语叫本末倒置，它的意思是说人假如没有把根本找到，努力是会有结果，但不一定会有好结果。

比如现在的人工作都很努力，每天从早忙到晚，但却是越忙越苦！而我们努力的目的是什么？就是要追求幸福和快乐。恐怕没有人说自己忙的目的就是要忙到苦得不得了。

科学家通过调查发现，一两岁的孩子平均每天笑 180 次。大家可以去观察，1 岁的孩子还在襁褓当中，没有人跟他讲话，他自己就会嘿嘿地在那里笑，也不知道他笑什么，平均一天就能够笑上百次，而成年人平均一天只会笑 7 次。

人们明明是越来越努力，但为什么越活越笑不出来呢？原因就是人们努力的方向或者目标错了，假如努力的目标是满足欲望，是获得享乐，那么必然就落入了一个欲望的深渊。吃也要跟人家比，穿也要跟人家比，开的车也要跟人家比，住的也要跟人家比，学历也要跟人家比，单眼皮双眼皮也要跟人家比，连体重都要比，如此这样，人岂有不越活越累之理。

所以坦白讲，所有的痛苦用三个字就讲完了——求不得。人由于总是得不到，所以就痛苦。其实，想要不痛苦，只需要老祖宗的一句法药，它就是“知足常乐”。

事实上，不但管理自己的人生需要抓住根本，发展一个行业、管理一个国家更需要抓住根本，

孔老夫子说过一句话，叫“始作俑者，其无后乎”。这个“俑”是指有一个工匠做一个假的人去陪葬，做得惟妙惟肖，就跟真人一样，这样会造成一个什么副作用呢？以后有的贵族可能会让真

人去陪葬。

所以，一个人假如有很大的影响力，对自己言行举止没有一点约束，甚至肆意妄为，那么他对社会所造成的负面影响就非常大。一个人影响力越大，他就越应该珍惜这个福气，给受他影响的人带来正确的思想观念，这样才对得起人们的信任。

其实，真理就在我们身边，只要用心去观察，这些道理都能看得懂。

近代以来，西方列强用坚船利炮打开很多国家封闭的国门，不少人在所谓的西方文明面前昏了头，最后都认为武力最重要。

事实上，我们看那些船坚炮利的西方国家，只是近两三百年才崛起的。而在600多年前，明朝强盛的时候，郑和率领庞大的船队下西洋，不但没有侵占其他国家一寸土地，反而把中华文化，把祖先的智慧以及谋生的方法，无私地奉献给所有接触到的那些世界友人、友族。

郑和在600年前就把我们传统文化落实在了外交当中，在600年后的今天依然有着影响力。比如汉学院就盖在了马六甲（马来西亚的一个州），这里面就有郑和的功劳。

当时汉学院动工兴建的时候，马来西亚首相纳吉讲过："其他西方列强，比如葡萄牙他们才几十条船而已，来了之后就占领了这个地方。郑和几百条船，两万多人，都是送这些礼物给我们，都没有强占我们的土地。"

我们这个民族是从伦理道德起家的，而且我们的祖先们也在积极传播着中华文化中的道德智慧。

可是到了近代，我们华人社会的各种问题为什么也层出不穷？一句话就讲透了，叫“不听老人言，吃亏在眼前”。我们把古圣先贤的教诲给丢掉了，丧失了民族自信心，所以才会出现了很多问题。

很多人以前是懂得孝顺，现在则是自私自利，在这短短的几十年的时间里，人心中的信仰就完全改变了。

现在的年轻人最令人痛心的一个心态就是认为所有事都理所当然。这种心态杀伤力之大无法想象。假如一个人觉得所有人给我的都是应该的，那他的价值观和人生观就会慢慢变化，就会开始比较，开始攀比，开始计较，开始傲慢，然后各种要求以及欲望也就出现了。而这样的心态对人们而言无疑是有百害而无一益。

如今，很多公司打出“知名大学不录取”的告示牌。为什么？因为他们用到苦恼处了。不少名牌大学出来的人都觉得自己头上有一个可以为之骄傲的光环：“我是XX著名大学出来的。”这些人还没有学到谦卑，就被自己的高学历给阻碍了，轻易不肯屈下身来。而要能做好事业，要能伸，也要能屈。

例如，有人认为自己学的是管理，那么到公司去就可以当总经理，根本不愿意从基层干起。而这样的人如何能够了解基层员工的实际需求，如何能够体恤他们的辛劳，以后升任主管又如何能够设身处地为员工着想？

人们都想着一步登天，所以都不踏实。

现在大学生自杀的有很多。调查发现这其中有不少人成绩优异，从小到大在学习上都非常优秀，但为什么还会选择自杀？就是由于他们在无形当中的得失心越来越重，根本输不起。更为严重的是这些人死了之后，他们的老师和父母都不知道他们为什么死的。因为父母和老师看到的是他们的成绩，没有看到他们的内心。

很多人没有学会感恩，没有学会知足，没有学会帮助人，即便是专业技能再好，那对他们的成长也会有很大的羁绊。阻碍他们成长进步的不是他们的学历，不是他们外在的条件，正是他们那一颗脆弱的心。因此，我们把阻碍他们的根找到，因势利导，假以时日，他们就能活出一个全新的自我。

有个记者采访一位获得钢琴比赛第一名的小学生："哇，你得了大奖，有奖品，有奖金，你最想做什么事情？"这个孩子想都没想，马上说："我想把那架钢琴给砸了！"

原来，她弹钢琴是被逼迫的，父母一定要让她拿第一名，已经逼到她想把那个钢琴给砸了的地步。可是，妈妈每天还对邻里亲朋夸耀说："我女儿钢琴第一名"，她还在那里享受她的虚荣心。殊不知艺术是用来陶冶性情的，不是用来追名逐利的。这个孩子的内心如果没有修炼好，那么她以后的人生都可能会有问题。

所以，我们做人，做事业，找到关键点，抓住问题的根源，就能看清问题，解决问题，从而真正地实现自我的价值。

东方，尤其我们中华文化，它是教做人的教育；而西方的文化是偏向于功利性的，它强调做事。事实上，做人与做事不能分开，它的根本是在做人。

当一个人有忠诚感的时候，面对再大的困难，他都会去把它办好，因为他有忠心。

清朝后期著名的政治家林则徐奉命到广州去查禁鸦片，凶险万分。面对大量的既得利益者和虎视眈眈的外国侵略者，此行可谓是九死一生，但是林则徐却不畏惧，“苟利国家生死以，岂因祸福避趋之。”

后来，因为广州禁烟和抗击侵略军的“壮举”，林则徐被朝廷的奸臣诬陷，所以被革职流放到新疆。在那种情形下，林公没有消沉苦闷，在流放的路途当中，经过河南还举荐当地的人才，那些被林公保举的人才以后都成为了朝廷的栋梁之臣。他还时时为国着想，“居庙堂之高则忧其民，处江湖之远则忧其君。”

我们看他时时都是想着国君，想着老百姓。他到新疆兴建推广的坎儿井，到现在过了 170 多年了还能使用。

因此说，一个人只要有百折不挠的决心和毅力，即便遇到再大的困难，他也能够想出万变不穷的妙法。

为什么我们古人重视做人？因为人只要有忠孝之心，很多潜力就会被激发出来。所以讲“读书志在圣贤”，读书的目的就是向圣贤学习德行和智慧的。

学贯古今中外的孙中山先生有一句非常重要的话，可是被很多人忽略掉了，他说道：“西方除了知识技术、他的机器超过中国之外，其他的都要跟中国学。”

而现实是我们很多东西都向西方学习，民族自信心就是这样丧失掉的，我们的价值观也变味了，随之，我们的做人做事根本也就找寻不到了。

太宗皇帝有一份爱民之心，希望把国家治理好，希望人民过上幸福快乐的日子，所以才命人编写出了这套《群书治要》。而且他知道从几千年圣哲人的智慧当中，来找为政的策略方法。就像 3 岁的小孩遇到困难一样，他一定找他的爸爸妈妈。

作为普通人，我们同样需要务本，抓住做人做事的根本。特别是在这个时代，我们更要懂得从圣哲人的教导当中汲取智慧，汲取方法。如此，我们才能不失信心，不失忠心，不失孝心，不失诚心，不失爱心，才能组织好家庭，管理好团队，才能做出成功的事业。

第十三章

心有孝根，事业方能通达

孝顺父母不要等到百年，在世时就要孝顺。

——星云大师

从我们家两代人的成长轨迹来看，孝根牢牢地扎在父祖辈的心中，他们的学业、事业不用别人操心，也不用别人催促，因此在事业上都取得了不小的成就。

我们住在一个渔乡里面，没有任何背景，爷爷奶奶还不识字。可就是在孝心的驱使下，每个人都有积极向上的动力，读书、做事根本不用别人“逼迫”，都是努力把每一件事做好。当兄弟姐妹们成家立业的时候，夫妻相敬如宾，从来不吵架，生怕让父母操心。

因此，这个也是说明，真正心存孝心，对我们组织家庭、打拼事业都大有裨益。

但是，现在的年轻人鲜有去体恤父母的难处的。不少人年轻时就想当老板，幻想着一步登天，或者拿着父母的退休金去挥霍，或者借用父母的名义去大肆借贷……最后不仅害了自己，还连累父母一同受磨难。

事实上，我们这一代人忽略了孝道的重要性，做事情的动力完全来自于钱财和无尽的欲望。

比如，家长想让孩子努力读书，都得通过逼迫或者利诱才能实现。孩子考得好，家长就给金钱奖励；考上了好学校，就给物质奖励。我们往往是只看孩子的成绩，对他们的身心成长却未加以关注和培养。

古人告诫我们：玩人丧德，玩物丧志。很多学生上大学以后堕落的速度更快，或者因为女色堕落了，或者是被吃喝玩乐的习性控制住了。

根据世界卫生组织的最新统计，全球一年堕胎的数字是 5000 万人。这个数据包括了那些登记在册的人数，若将那些没有登记的人统计进来，总数量可能要翻倍。

在这些堕胎的人中，十几岁的少女占了很大的比例。所以，我们看一个人假如没有良好的德行教育，心中没有对父母的孝心，他们以后可能就会面临更多难以想象的恶果。

一位女校长计划在学校里面全力推行《弟子规》教育。当时，这所学校的一二年级学生要学英文，她说英文先缓一缓，先学做人，先学《弟子规》。

结果，她的先生在报纸上看到有专家说《弟子规》里面有愚孝，于是就对她说："你看有人批评，你做这个事要小心，不要犯了错误，校长当不成了，乌纱帽掉下来。"

没想到，这位女校长说道："他有他的看法，我有我的责任……"这校长很有修养，也不批评他人，就是坚持按照古圣先贤的智慧来教书育人。

她还说："我们学校附近有一个初中，放暑假或者放比较长的假之后，都会出现一个堕胎潮。我不希望我的学生以后走的是那样的路。所以，我现在就要把他们孝道德行的根扎稳。"

她讲完之后，她的先生看着她肃然起敬，对她说："我觉得你很适合做国家领导人。"

应该说这位校长对问题看得远，有深谋，有远虑。然而，现在不少人考虑事情却很难深远，因为他们没有领悟传统文化中的智慧，看问题只考虑当前，考虑明天，不考虑长远。他们都是存在着这样的思维，所以造成了很多意想不到的困扰和问题。

孩子进入社会谋生了，他能不能以服务他人为自己人生的目标？这都需要我们去考虑，否则他大学一毕业，心里没有责任感，不想工作，甚至于还得劳烦父母托关系、花钱帮自己找工作。最后，父母帮他找到一个工作了，对他千拜托万拜托："拜托了，去上班了。”这个孩子说：“好吧，给你面子。”不成想一个礼拜以后，他回来了，“你怎么回来了？”“我把老板解雇掉了。”一不高兴就不干了，假如人们都是这样的心态，那还要让父母操多少心，还要浪费多少立业、建功的机遇？

人没有孝道，往往就缺乏责任心，那以后成立家庭会没有问题吗？他能教出好的下一代吗？他对孩子的成长和学习能产生好的影响吗？这都是孝根缺乏可能会导致的后果，值得我们每一个人警醒与反思。

“夫孝，德之本也，教之所由生也。”现在，我们从家庭和社会的角度去思考，就会觉得祖先的教诲非常有分量，句句都对解决现在的社会问题有所补益。

君子务本，本立而道生。孝弟（通“悌”）也者，其仁之本与。

我们要有所成就，要从根本去下手。根本建立了，道德智慧随之产生，家道、事业之道才能够产生。而孝顺父母、友爱兄弟就是事业成功的根本所在之一。

其实，古人的教育可以称为“爱的教育”，所有的一切均是从对父母的亲和爱开始。古人通达人性，很早便发现小孩与父母的那种爱是天性，没有人教的。一两岁的孩子看到爸爸和妈妈，他感觉好像就是全世界最幸福的人了。他保留了孩子本真的天性，不会说要一台轿车才会快乐，因为没有那些欲望。

我姐姐在我们家坐月子的时候，小孩被大人放在房间里面，其他人在外面一起吃饭。有时候，姐姐突然就起来，我问："什么事？"姐姐说："小孩哭了。"小孩一哭，她就能听得到。后来，这个孩子 1 岁多了开始学讲话，他讲半天，我一句都听不懂，他妈妈全听懂了，然后他妈妈做翻译说给我们听。

妈妈能直接感受到孩子的心意，这个就是天性。我经常看到小孩给父母跪拜的时候，孩子一跪下去，父母很感动，流眼泪，孩子也在那里哭。过后，我就问："小朋友，你怎么哭啊？""因为爸爸哭了。"父亲一哭，母亲一哭，孩子马上有感应，也跟着哭。

所以，曾子的母亲刺一下手指，曾子的心马上能感觉到，这是母子间真正的"心灵感应"，而且他的这种能力从小保持到大，一直没有消退。

而古人"爱的教育"核心内容是什么？

第一是把父子那种亲和爱终身保持。一个五六十岁的人一进门，喊道："娘！我回来了！"抱住妈妈的那一刻，绝对是一幅非常幸福的画面。

《天下父母》栏目曾访问翟俊杰导演。他说他最大的幸福就是，一打开家门还能喊一声："娘！"他的母亲 90 多岁了，他认为那才是他人生最大的幸福。

有一位退休的前司法部部长，在山东做政府领导的时候，每天出门前，背个公事包站在父亲面前，说道："爸爸，我要上班去了。"他爸爸给他整整帽子："好，儿子去吧。"他始终保留着那种赤子之心。一般五六十岁的人当了高官，可能对父母会很傲慢，但是他没有。所以说，终身保持这种天性是最幸福的。

第二是把这种天性延伸到对兄弟，"兄道友，弟道恭。兄弟睦，孝在中。"再延伸到家族所有的人，延伸到邻里乡党，延伸到社会大众，最后是世界上的不同种族。"凡是人，皆须爱"，凡是物，亦皆须爱。孟子还告诉我们"亲亲而仁民，仁民而爱物"。爱自己的父母，很自然地会爱他人，爱人民，爱一切的生命，不会去伤害他人。

有一个 5 岁的男孩，看到宣传册里面写着养老院和孤儿院的资料。他看完以后（他对他母亲很孝顺），坐在自己的玩具车上面讲："我要带着这些小朋友（就是孤儿院里的小朋友），我带他们去找妈妈……"他和他们没有见过面，可是他想到了他们没有父母，他就觉得很可怜，就想到要带他们去找妈妈。

他的表姐有一天就对他讲："你现在把你的压岁钱存起来，存在银行，以后会有很多钱。"他就对他母亲讲："那些钱可不可以去帮助那些老人和小孩？"然后，他还让妈妈有空的时候带他去老人院，他说他会按摩，可以帮助那些老人。这就是所谓的"亲亲而仁民"。

一个4岁的小女孩到阿姨家去，刚好看到有一只猫生了很多小猫。那猫长得很可爱，她在那里看了老半天，非常喜欢。她阿姨就说了："喜欢这一只，给你？"结果她摇头，她阿姨很惊讶："你为什么不要？""因为我把小猫抱回去，它妈妈会想它，它也会想它妈妈。"这就是古人讲的"仁民而爱物"。

仁爱心从家庭里面的孝悌延伸出去，进入社会，无论人们在哪一个行业，哪一个岗位，对待他人都会像对待家人一样。

子曰：君子之事亲孝。

他侍奉父母很孝顺，这份孝心再延伸到国家社会去。

故忠可移于君。

他就会用那份至诚的心来对待国家，对待领导。

但是，现在各个行业都觉得员工不好管理，流动率很高，找不到可以信赖的下属。为什么？因为根没有了，孝道缺失了。要知道自古忠臣出于孝子之门。很多家庭与社会的问题，根源都在孝道上。

事兄弟（通"悌"）。

他对兄长，对长辈非常恭敬。

故顺可移于长。

他到社会当中去，在各个行业当中只要一看到长者，就会非常地恭敬，非常礼敬地加以照顾，所以“顺可移于长”。

但是，现在很多人在家里都直接叫父母兄弟姐妹的名字，一点都不尊重他人，到了单位去也很难尊重单位的长辈，所以都需要人性和孝道的教诲。

居家理，故治可移于官。

人们很多做事的能力、与人和睦相处的智慧都在家庭里养成，现在却常常惹父母生气，然后连自己的生活、工作都弄得乱成一团，那这样的人以后怎么做好人、办好事呢？所以“居家理”，在家里要形成良好的做人和做事能力。“故治可移于官”，以后他当领导或者在哪一个行业做事业，他都有这些能力去做。

是以行成于内，而名立于后世矣。

人们在家中养成了这些孝悌的品性，才能在外建功立业，对国家社会做出贡献，这个美名就显扬于后世，就能大孝显亲了。

在《汉书》里面也讲道：“事亲孝，故忠可移于君。是以求忠臣，必于孝子之门。”现在的领导若要提拔团队里面的重要干部，也可以先到他们家去调查了解一下，看是不是孝子，若是的话，那用人就得当。

曾子曰：慎终追远，民德归厚。

传承祖先的美好德行，对于自己的言行秉持谨慎的态度，那么社会的风气自然就会好转。

所以，在这个时代，我们无论是管理一个企业，还是管理一个团队，一定要抓到根本，让人们内心的孝根长存，“本立而道生”，那么我们的学业、家业、事业就能万事通达，经久不衰。

第十四章

人心正了，问题也就正了

人心能静，虽万变纷纭，亦澄然无事。不静则燕居闲暇，亦憧憧亦靡宁。

——曾国藩

在东方，中医讲解毒，认为预防重于治疗，讲究从根本上解决问题。而西医讲杀毒，讲究从症状上解决问题。比如人某处患癌症了，然后通过手术将其癌变部分割掉。症状虽然解决了，问题却不一定能解决，同时身体受到了严重的损害，还不能保证以后不会复发。

其实，人的身体有一个机制，今天某处发生病变，它会发警讯，警告我们："主人，我已经不行了，你这个生活习惯太差了，已经把我搞得受不了。"

比如胃出现了问题，它就会跟我们"抗议"，只是没有绑白布条而已，我们却视而不见，最后就只能得癌症了。其实，胃是忠臣，它就像是军队的哨兵，每天站岗放哨，遇到危险就会吹笛子，嘀嘀嘀嘀嘀，它是在警告有危险，我们听了很烦，把它给杀了。最后，身体只能是越来越糟，因为根本问题没有解决。

要解决身体的病变，就需要我们找到根源。情绪、饮食、睡眠、作息时间都要调整好，身体就能从病变调整为正常。这都是东西方思维的不同之处。

东方用德行解决问题，西方用法律解决问题。然而，现在法律条文最多的、逻辑最缜密的地方可能是犯罪率最高的地方。比如美国的法律应该是非常用心在设计了，可是其青少年犯罪率却始终居高不下。

老子提醒我们：法令滋彰，盗贼多有。法律越严苛，盗贼有可能就越多。因为领导阶层都把大量的精力用在如何去管制人民。人民也很聪明，知道怎么样去钻法律的漏洞。可是，假如我们重视德行，重视人心，带动人们去修习德行，那就能解决很多根本性的问题。

再比如现在夫妻间的矛盾越来越多，法律上有明文规定，可以按照条文来解决。但是，这在很大程度上是治标不治本。夫妻离婚之后真正生活得高兴快乐，从此过上了幸福完满的日子，这毕竟还是少数。怨还在心里，男人或者女人本来以为换一个就会好了，结果是更糟糕。而夫妻关系恶化的症结在哪？就在于自己内在的对立习气，只要去掉自己心中的“恶习”，才能改善个人与个人、个人与事业之间的紧张关系。

所以，东方文化讲究的是内学，偏重于向内找问题根源，不是去指责外在的东西。

如今，社会上出现的多数问题的根本就是人心问题。所以，文化要恢复，人心才能够越来越善良、厚道、明理。

现在大家可能都觉得好像讲利是很正常的事情。有一句话编入了大学的教材，叫“企业的唯一目的是赚取利润”。实际上，这句话严重误导了很多人，导致人们只看重财富和利益。

不少企业为了赚钱，将大量的污染物排放到了自然环境之中。专家通过调查发现，现在要将那些污染的河流整治好，把排污企业所有赚到的钱再拿出来，都不见得能治理好。而这一句错误的结论，居然在大学的殿堂里面影响了一两百年。直到近10多年来，企业界才意识到自身的社会责任和社会道义。

所以我们看，不遵循圣人的教诲，人类就被这些错误的言论误导并且付出了惨痛的代价。

还有就是人们自私自利，毫无原则地恶性竞争。很多孩子见不得别人好，嫉妒心很强，在社会上处处跟人对立。

有一对姐妹，大姐回到家对她妹妹讲：“今天有一个同学来问我数学，我会，但是我没有给他讲，我就不告诉他。”

她妹妹说：“姐，我会告诉他……”

她姐姐听妹妹这么讲，有点不好意思，“你比较有爱心。”

“姐，我会告诉他，但我会把错的答案告诉他。”

还有一个真实的故事。

一个小学生某天回来对他爸爸讲：“爸爸，我同学死了，我少一个竞争对手了。”他的同学发生了意外，他当下的第一念是想到自己少了一个对手。他不知道他同学去世之后，那位同学的父母有多么痛苦。

我们的孩子假如现在是这种心境，那么这个社会的未来堪忧，必须要赶快扭转过来。

再不就是现在的夫妻结婚以前先要进行财产公证。夫妻俩还没有结婚，就先谈离婚以后要如何分东西。要知道夫妻原本是道义的结合，而现在人心的偏颇竟然都表现在了这些行为当中。殊不知中华文化里面有“婚义”，整个结婚的过程、仪式全部都是教化。

丈夫把妻子接到家之后，进门是喝交杯酒。盛交杯酒的葫芦瓜的肉是苦的，盛的酒是甜的，夫妻喝完交杯酒，整个存心就不一样了。因为肉是苦的，酒是甜的，这表示两个人同甘共苦。而且是同一个葫芦瓜，本来就是一体，不能分开，所以喝下去叫不分彼此。这都是道义的结合。夫妻俩一生遇到再大的困难，绝没有一个念头说要离婚。

但是现在的人动不动就要离婚，还有早上结婚下午就去离婚的事例。这些在几百年前真的是不可能发生的事情，因为都是文化教育的效果，但现在缺乏了。

至于整个天下的治乱问题，孟子曾说：

上下交征利，而国危矣。

2000 多年前，孟子到魏国来见梁惠王。梁惠王一见面就对孟子讲："老人家你来到我们魏国，是不是要给我们什么利益？"

孟子是教育家，抓住这个机会点，就劝说道："大王啊，你怎么一开始就讲利益？""亦有仁义而已矣。"假如你都讲利，那拥有万乘兵车的国家，把他毁掉的就是拥有千乘兵车的大夫；拥有千辆兵车的国家，把他推翻的就是拥有百辆兵车的大夫。所以，上下都讲利，那么这个国家就很危险了。

孟子在 2000 多年前就讲了不能争利，不然天下危险。这一句话用在这个时代就是，上下交征利，家危矣，事业也危矣。现在的家庭成员因为利益之争，已经争到父子、兄弟都上法院争夺财产的荒唐程度。

古圣先贤在《尚书》当中讲到：

惟上帝弗常。

老天降福、降灾不是常在某一个家庭，或者某一个地方、某一个国家，关键在于那是我们自己招感来的福还是祸。

现今我们在社会、家庭、事业、人生中出现的问题，《尚书》一句话就将其因果关系讲透了：

作善，降之百祥；作不善，降之百殃。

我们善待我们自己，善待我们的团队，善待我们的国家，那么就能招来更多的“好运”，否则只能自食恶果。一个人如是，一个家庭如是，一个团体，甚至国家亦如是，包括现在的世界也是这样。

近代有一些从事量子力学研究的科学家，他们的研究范围从电子一直到越小越小的微中子，小到没有办法想象。而他们研究到物质最小单位的时候，突然发现一件事情，物质跟人的意念有关。他们认为物质是意念相续累积的幻象，物质跟心理不能分开。

而我们中华传统文化讲究的就是天人合一的文化。天是万事万物，跟人心分不开。古人讲：人心善，风调雨顺；人心恶，天灾不断。这其实说的是人心在某种程度上对我们的人生和事业在发挥着潜移默化的影响。

事实上，每一个人都可以看做是一个发射器，你对天下的祝福一发出去，天下所有人都收到了；假如发出怨恨，那天下人也都收到了。比如，当我们发出怨恨的念头时，“气死我了，气死我了”，这个负面的念头可能就会传递到其他物质上，进而对人的身心健康造成损害。

科学家通过实验发现，人在生气之后会产生大量怒气，这种怒气打在动物身体里面能将动物杀死。

哈佛大学的著名物理学家写过一本书，叫《念力的秘密》。该书也认为以心控物，人的念头和心念可以影响整个物质。

俗语讲：“人逢喜事精神爽”，“忧能使人老”。我们身体的状态跟心理素质有很大关系。

在现实生活中，就存着一些意念创造奇迹的真实事例。

某人得了癌症，医生认为他只剩半年时间了，于是他就放下一切，去社区做义工。他把每天都当作最后一天，从而尽心尽力地帮助别人。过了一段时间，医生对他再进行检查，发现他的病消失得无影无踪。因为他心里都想到了别人，有仁爱心，无畏布施故得健康长寿。

自己的意念不但可以转变自己的身体状态，还可以改变他人的身心状态。

在英国，有一个小学四年级的小女孩，她妈妈是单亲家长，生活很困苦，后来不幸得了癌症。这个小女孩于是就每天给她妈妈写一封信，信上都是感恩妈妈、祝福妈妈的话语。半年多以后再去检查，她妈妈的癌症也没有了。

小女孩发好的意念给她妈妈，而她妈妈有这样孝顺的女儿，每天心情越来越好，最后病就消失了。这都是人的意念所造就的神奇故事。

在古代，那些先贤们就极为注重人心修养的问题。特别是这部集合了巨大的人力和物力编纂而成的《群书治要》，其里面的智慧可以解决很多社会、家庭以及个人的问题。祖先留下来的都是宝贵的精神财富，它告诉我们要懂得磨练我们的心性，要懂得积德行善，如此才能改变命运。这里面的关键就是学习经典，教育大众。

古人说“人不学，不知道”，“人不学，不知义”。现在很多人就是不知道“道”和“义”，只知道自私自利，遗弃了老祖宗的教诲，不懂得做人做事，所以才会出现了令人痛心的社会和家庭问题。

现在的人都对古圣先贤的教诲没有信心，所以说到最后信心也很重要。

那么，如何才能让世人再恢复信心呢？

孔子讲：“人能弘道，非道弘人。”今天把《群书治要》印1000套，世人的德行和智慧也不可能增长。最主要的还是要靠人去实践，把经典的教诲做出来才能让人相信。否则的话，现在的人都觉得古代的东西早已落伍，现代没有办法适用了。

我们自己要对祖先的这些教诲充满信心，把这个信心传递出去。心存疑虑没有关系，《弟子规》告诉我们："心有疑，随札记。就人问，求确义。"重要的是我们跟志同道合的人一起探讨，把这些疑惑给它彻底厘清。

我们每一个人，特别是领导干部，通过理解并践行圣贤人士的教诲，在人生和事业上必然受用无穷。

在这十几年当中，净空老教授多次参加世界宗教和平会议以及联合国的相关会议，都是探讨如何实现世界和平和化解冲突的。他将我们祖先的"五伦八德"的教诲，以及古圣先贤治理国家的这些智慧介绍给那些相关领域的专家学者。

但是，他们听完之后，都对老人家说："你讲得很好，可是做不啊！"

因此，我们看现在连专家都对伦理道德信心都不足，所以净空教授意识到比金融危机还严重的是人们的信心危机。

后来，为了证明伦理道德教育在现在这个时代是有用的，他就在自己的故乡汤池成立了"庐江中华文化教育中心"，向当地老百姓弘扬《弟子规》，弘扬孝道。结果，当地的离婚率、犯罪率在一年之内快速下降。

由此可见，人心还是善的，有了榜样的力量，人们在被教育和提醒之后，他们的良心和道义就起来了，有信心了，就不愿意再做错事。

《论语》里面讲："孝弟（通'悌'）也者，其为人之本欤。"

只要人有爱心了，人心正了，人们就能互爱互助，就能打理好自己的家庭和事业。

而弘扬中华文化，其实就是在正人心，弘扬孝道，传播仁爱。人心问题解决了，我们的很多问题也就迎刃而解了。

第十五章

十二字道德箴言破解人生困局

无论为官为商，都要有一种社会责任感，既要为自己的利益着想，也要为天下黎民着想，否则，为官便是贪官，为商便是奸商，这两种人都是没有什么好下场的。

——胡雪岩

中华传统文化的核心，就是道德。道德的核心内容是“五伦八德”。这些在四五千年前就是这样教了，一直传到现在。

《孟子》里面记载：舜用了契做司徒，司徒就是教育部长。他为什么要命契来教育老百姓？因为他了解到，人民每大吃得很饱，每天穿得很暖，每天很安逸，但如果没有教育的话，“则近于禽兽”。所以，圣人有这个担忧，因此要“教以人伦”。

所谓的“五伦”，就是“父子有亲，夫妇有别，长幼有序，君臣有义，朋友有信”。

所谓的“八德”，有两种说法。其一是：孝、悌、忠、信、礼、义、廉、耻。另外一种是：忠、孝、仁、爱、信、义、和、平。我们将这两种说法综合起来，那便是“十二德”——孝、悌、忠、信、礼、义、廉、耻、仁、爱、和、平。

现在，我们谈谈这“十二德”与人生的关系。

“孝”，引申出古圣先贤的一句话，叫“百善孝为先”。

我们看古代那些孝子一当官都是好的父母官。从人心的角度来看，孝心开了之后，“兄道友，弟道恭，兄弟睦，孝在中”，人的悌就出来了。

“悌”，从“孝”出来，“兄弟睦，孝在中”。

民国时期，有位奇人，他不识字。但是，因为他孝悌做到了极点，最后他的智慧开悟了。他能讲《中庸》，还可以讲《大学》。所以，他的事例说明了一个道理，即“孝弟（通“悌”）之至，通于神明，光于四海，无所不通”。

“忠”，是尽心尽力的态度。

“亲所好，力为具”是忠，父母希望孩子有好成绩，有好德行，孩子尽力去做，这个是忠。领导交代的事情，员工尽力去做到，这个也是忠。

“信”，“父母命，行勿懒”。父母交代的事情要赶快办到，不可以拖拖拉拉。

现在的人是父母交代的事办得拖拖拉拉，客户交代的事马上去办，这不是“信”，那是看在钱的份上的“信”。所以，看事情一定要看到根本，不然似是而非的东西太多。

西方不相信人有性德，所以要通过法律来约束所有人。而我们中国古人讲的是性德的教育，相信人有明德，人有本善。中华民族都很相信人，不怀疑人。我们的守信不是通过白纸黑字写下来才算是守信，在心里面起一个念头他都不愿意违背，那才是守信。这个“信”字的结构就是人把话讲出来，这就是信。违背信就已经违背做人的规范了，违背良心了。

这几十年来，世界不少知名公司的高管把公司的财富，或者掏空，或者卷款潜逃，这样的事例屡见不鲜。这些高阶主管很多是知名大学毕业的，而且他们的所谓的信用从来没有不良记录，但他们为什么会干这些伤天害理的事情？因为他们等到有一天觉得信用可以卖出去的时候，就将其彻底卖了。就好像对父母不守信而对客户会守信一样，那信是假的，那是对钱守信用。

“礼”，“父母呼，应勿缓”，“父母教，须敬听”，这些都是礼敬。

“义”，“事死者，如事生”，“丧三年，常悲咽”。古人对情义极为重视，一想到父母的恩德，自己的悲伤便忍不住表现出来，这就是义。

欧阳修在其《泷冈阡表》里面提到，他的母亲嫁到他们家来，他父亲每一次只要有好吃的东西就叹气，“祭之丰，不如养之薄也。”祭祀的时候即使再丰富，也不如生前的奉养。用闽南话说就是，生前一颗豆，好过死后供猪头。人死后物质无论多丰富，还是徒留“子欲养而亲不待”的遗憾。

他的妈妈还告诉欧阳修先生：“你的父亲终其一生，只要有好东西都是叹气，因为不能奉养自己的父母了。”可见，古人的情义，即便经过很长时间，也丝毫没有减弱。

可是，现在的人不是把情义摆在第一位，而是把赚钱摆在第一位。一个人只要去赚钱，家族里面所有的人都给他开绿灯，都要看他的脸色。他财大气粗，就越来越傲慢，完全忘记了他之所以有今天，那是因为父母的养育之功和长辈的照顾之功。

“廉”，“物虽小，勿私藏；苟私藏，亲心伤”。一有东西都是先给爷爷奶奶、父母吃，他不会有贪念。

“陆绩怀桔”的故事讲的就是6岁的陆绩去袁术家里做客，看到母亲生平最喜欢吃的橘子，就拿了几个放在口袋里面。结果，陆绩在临走向主人行礼的时候，橘子掉出来了。袁术说：“哎呀，有需要就跟我讲嘛，干吗这样藏着？”他才很惶恐地说：“因为我母亲喜欢吃，想带回去给她吃。”所以，我们看古人有贤德，凡事都能先想到父母亲。

“耻”，“德有伤，贻亲羞”，人们要有羞耻心，深怕自己的行为会羞辱父母，要让自身廉耻的根升华出来。

“仁”，“冬则温，夏则凊”，为别人设身处地想到这么细微的地方。

“爱”，“亲有疾，药先尝。昼夜侍，不离床。”这就是“爱”。

有位企业家，他母亲的身体状况不是很好。他怕母亲出什么状况，于是就将线的一端绑在自己手上，另一端绑在妈妈的身上。线那头一有什么动静，他都能感受得到，马上就起来照顾母亲。这份爱是多么细腻。

“和”，和气，很和平，“亲有过，谏使更。怡吾色，柔吾声”。

“平”，心平气和，“号泣随，挞无怨”。

人们一心一意为父母，父母误解或者打骂他，心里都没有一丝一毫的埋怨，那么他这一生都是“平”的。心平的人不会跟人家起冲突，能收获福气。

以上就是我们通过解读《群书治要》所要重点突出的十二种道德智慧。

我们看“孝”，是侍奉双亲，这是根；“悌忠信”，孝敬老人，友爱兄弟，这是本；“礼义廉耻”，尊敬领导，对一个团体尽忠，这是枝干；“仁爱和平”，爱护众生，爱护社会大众，这是花果。这是符合人性的教育，然而，我们现在的情况却是唱高调的多，高喊口号的多，根却都没教扎实。

具体到我们的工作、学习和生活，这个“孝悌忠信”，就是在修身齐家，能把整个组织或者团体团结起来，其是所有人团结进取的重要保障；“礼义廉耻”是国之四维，从政者有“礼义廉耻”，才能把其他人的利益放在第一位，真正以人民的福祉为先；人心存“仁爱和平”，才能把国家的制度用好，才会去重视社会福利，去爱护他人，民生问题就克服掉了。

实际上，现在大多数人生问题都离不开这12个字——孝、悌、忠、信、礼、义、廉、耻、仁、爱、和、平。出现的乱象，或多或少都跟缺乏这12个字有直接的关系。我相信人们只要认真从《群书治要》中领悟这12个字所蕴含的智慧，那么很多问题就都可以解决。

比如，我们现在面对的种种社会问题，堕胎的问题、校园暴力的问题、企业恶性竞争的问题、家庭不和谐的问题、信仰的问题、违约失信的问题等等都是因为没有遵循祖先的这些教诲才导致的。

所以，在理解了这12个德目的重要性之后，我们还要将这些道理融会贯通，然后义无反顾地去做，修身、齐家、治国、平天下，我们每一个人的人生价值和社会价值都能得到应有的体现。假如我们自己都没有贯通，半信半疑，那么这条路一定走不长。我们先理解了然后去做，自己越做就会越有信心。

第十六章

解决 21 世纪的问题靠中华文化

我在韩国时就一直学习中国古典文化，孔子、老子、孟子、孙子……所有这些先贤的智慧对于滋养一个人的内在力量具有十分重要的作用。

——潘基文

我们所处的这个时代，无论是从中华民族，还是从整个世界角度看，都是一个很特别的时代。整个人类的生存，确实面临一个关键点。

从科学角度来讲，假如不治理环境污染，不控制温室气体排放，那么50年之后，这个地球上的很多地方可能都不适宜人类居住了。这绝不是危言耸听，因为这是正在发生的事情。例如，马来西亚的好几个地方，如新山、吉隆坡、槟城、马六甲等地，在不远的将来可能都会因为温室效应而被水淹灭。

除了环境的问题，还有大量的社会问题，企业的问题，以及个人的问题。所以，现在人心浮躁，在这个大时代当中，人心要安实在是不容易。现在有一种病越来越多，叫忧郁症，人们都被各种可怕的社会现象吓得生病了。

中华文化蕴藏着高度的智慧，这能够让我们在这个剧烈变化的大时代当中安身立命。因为大自然以及社会的很多问题，很大程度上是人心的问题。人能明理了，心才能安；不明白，每天就会有担忧不完的事情。

全世界现在只剩下我们这个民族，5000 年的文化历史还依然在传承，其他四大古文明早就断绝了。如今全世界的古文明，除此一家，别无分号，再也找不到其他这样的民族了。

有朋友曾经到美国去留学，人家一看到他是华人很高兴，就问你有没有读过《论语》？他说没有。人家又问他，你有没有读过《老子》？他又摇头。最后人家低着头，不想问他了。外国人对中华文化的理解都要超过我们华人，所以我们需要冷静，需要反思了。

2007 年，我跟随净空教授到英国剑桥大学访问。教授发表一场演讲，主持的是英国人，他们居然能说出一口流利的华文，而且他们写的论文内容也是和孟子、王维、《无量寿经》有关的。对这些内容，我这个华人都写不出来，而英国人却在写。

因此，我想华人若再不努力，以后恐怕就都是外国人站在讲台上讲中华文化，而华人在底下听，那真就够丢脸的。

所以，华人得要深入学习我们5000年的智慧，才能够齐家，才能够在自身的岗位当中利益团队，利益社会，利益国家。我们的家庭，我们的团体，都成为整个社会的榜样，那个力量无远弗届，很难预测。

古人说“知耻近乎勇”，有了羞耻心，就要拿出勇气来研究我们自己的文化经典。古人还说“天将降大任于斯人也”，“当今之世，舍我其谁”。有了时代赋予给我们的使命，有了中华5000年的文化智慧做靠山，那么推广中华文化的大任自然非华人莫属。

在20世纪，英国著名历史学家汤恩比教授的道德学问受到了广泛的赞誉。他曾经讲到，解决21世纪的社会问题，要靠孔孟学说和大乘佛法。

我们知道佛法早已不在印度，2000年前传到中国以后，在中国大放异彩了。现在这两个可以解决社会问题的学问，都在华人社会里。所以，华人就多了一层使命，要利用中华文化为世界人民做出贡献。

大家现在去买书就会发现，畅销书很多是以企业家或者商业上有成就的人物为代表，读者们都想要向那些企业家或者商业界的领袖们学习。所以，企业界、商业界的人同样担负起了一个时代的使命。

在这个时代，企业的领导者对整个社会的推动力非常大。假如企业界的人共同来推动中华优秀伦理道德教育，这会震动整个社会，将会为社会的和谐发展注入一股精神力量。

现在的家长都希望孩子以后出去有好工作，所以他们都觉得，考试要考 100 分，要上名牌大学，他们都是这种思维。因此，孩子们现在接受的都是填鸭式教育，记了一大堆无用的知识，结果大学毕业出来没有工作，失业的人一大堆。这说明学校生产了很多大学生出来，结果都被退货。学生被培养了 10 多年，甚至还有超过 20 年的，还是被退货，这都需要家庭、学校和企业深刻检讨。

还有另外一个更有意思的现象是：失业率很高，可是很多企业却出现“人才荒”，找不到适合企业的人才。

产品过盛，结果又没人才，问题就在于我们的企业界没有和学校好好沟通，所以才造成这个现象。

2004 年的时候，深圳有一家公司招聘一个业务总监，薪水很高，结果他们的条件是必须熟背《弟子规》。在那个星期，所有的书局都有人来询问什么是《弟子规》，要买一本。

因此在这个时代，我们的企业更需要带头把传统道德复兴，领悟古圣先贤的道德智慧，这样不仅利己、利人、利企，更利国。

对中国很多企业家来说，日本一位长者的企业经营之道可谓是耳熟能详，曾经听过他课程的企业家应该已经超过 1 万名。像海尔集团这些在全世界数一数二的大企业，都向这位长者学习。他就是日本四大经营之圣之一——稻盛和夫。

稻盛和夫的经营奇迹使得成千上万名企业家向他学习，并从中受益匪浅，如海尔集团张瑞敏先生就曾经讲过：我假如早一点接触稻盛和夫的企业经营哲学，我的公司就不是只有今天这个样子而已。

稻盛先生，他到65岁时经营着两家全球500强企业，在全世界也只有他保持着这项记录，因为能把企业做到全球500强已经非常不容易了，并且两家全部是他通过白手起家做起来。

在65岁的时候，他选择了出家，因为在企业界的成就已经很圆满了，稻盛和夫希望去提升自身灵性的修行。经过13年，到78岁的时候，日本航空公司破产了。这家企业是日本的民族企业，这一垮下来，整个日本民族的信心都会受影响。结果，当时的日本政府首相鸠山亲自去请他，希望他出山重整问题重重的日航。

最后，他答应了。但他开出了一个条件，就是他不拿一分钱。就为了让这几万名员工生活能安定下来，他以78岁的高龄接管了日本航空。从一个破产的企业，到成为航空界营业额的第一名，达到1500多亿日元的盈余，稻盛和夫先生用了大约400天的时间。他靠的是什么？就是中华文化中的管理智慧。

而稻盛先生讲的那些道理，本来就是从我们祖先那里学来的。

稻盛先生还写了一本书，叫《你的梦想一定会实现》，写给全世界的年轻人，里面推荐的第一本最重要的书，叫《了凡四训》。这《了凡四训》就是中华传统文化中修身治世的经典之作，被日本天皇列为治国宝典。

所以，通过稻盛和夫的故事，我们每一个人要觉醒，要重新认识古圣先贤的智慧和经验。

我们这个民族，特别善于从历史当中汲取智慧，得到经验。唐太宗曾经说过："以古为镜，可以知兴替；以人为镜，可以明得失；以铜为镜，可以正衣冠。"

照照镜子，整理整理自己的衣服，看看哪个纽扣没有扣好，不然出去就不好意思了；以人为镜，就可以知道自己的过失；以古为镜，以历史为镜，我们的人生，我们的事业，我们的团队就会少走很多弯路，就能持续经营，最后实现自己的价值。

事实证明，一味地迷信西方管理哲学并不能从根本上解决问题，而我们古圣先贤的智慧中则蕴藏着巨大的经验和能量，我们的企业要立志，要去学习，要去领悟。

我们有了这样的志向，就要努力做这个时代企业的榜样，道德的榜样。而我们的企业，我们的团队，我们每一个人都是为了人们的身心灵健康，都是为了整个人类的永续经营，做着对整个民族、对整个世界功德无量的事业，每天的日子都是在给人信心，给人希望，给人欢喜，给人成功，给人健康。

附　录

《群书治要》（节选）

修 身

一 戒贪

1. 自成康以来，几且千岁，欲为治者甚众，然而太平不复兴者，何也？以其舍法度，而任私意，奢侈行而仁义废也。（卷十九·汉书七）

2. 夫物速成则疾亡，晚就则善终。朝华之草，夕而零落；松柏之茂，隆寒不衰。是以大雅君子恶速成。（卷二十六·魏志下）

3. 夫利，百物之所生也，天地之所载也，而有专之，其害多矣。（卷十一·史记上）

4. 五色令人目盲；五音令人耳聋；五味令人口爽；驰骋田猎，令人心发狂；难得之货，令人行妨。（卷三十四·老子）

5. 训有之，内作色荒，外作禽荒。甘酒嗜音，峻宇雕墙。有一于此，未或弗亡。（卷二·尚书）

6. 故乱国之主，务于广地，而不务于仁义，务于高位，而不务于道德，是舍其所以存，而造其所以亡也。（卷三十五·文子）

7. 人主之大患，莫大乎好名。人主好名，则群臣知所要矣。（卷四十八·体论）

二 勤俭

1. 古之人曰："一夫不耕，或受之饥；一女不织，或受之寒。"生之有时，而用之无度，则物力必屈。古之治天下，至纤至悉也，故其蓄积足恃。（卷十四·汉书二）

2. 故修身治国也，要莫大于节欲。传曰："欲不可纵。"历观有家有国，其得之也，莫不阶于俭约；其失之也，莫不由于奢侈。

俭者节欲，奢者放情。放情者危，节欲者安。（卷四十七·政要论）

三 惩忿

1. 禁令不明，而严刑以静乱；庙筭不精，而穷兵以侵邻。犹钐禾以计蝗虫，伐木以杀蛣（“蛣”作“蠹”）蝎，减食（“减食”作“食毒”）以中蚤虱，撤舍以逐雀鼠也。（卷五十·抱朴子）

2. 夫圣人以天下为度者也，不以己私怒，伤天下之功。（卷十七·汉书五）

四 迁善

1. 子曰：“我三人行，必得我师焉。择其善者而从之，其不善者而改之。”（卷九·论语）

五 改过

1. 子曰：“过而不改，是谓过矣。”（卷九·论语）

2. 子贡曰："君子之过也，如日月之食焉；过也，人皆见之；更也，人皆仰之。"（卷九·论语）

3. 古者圣王之制，史在前书过失，工诵箴谏，庶人谤于道，商旅议于市，然后君得闻其过失也。闻其过失而改之，见义而从之，所以永有天下也。（卷十七·汉书五）

4. 大忌知身之恶而不改也，以贼其身，乃丧其躯，有行如此，之谓大忌也。（卷三十一·鬻子）

5. 先民有言，人之所难者二，乐知（"知"作"攻"）其恶者难，以恶告人者难。（卷四十六·中论）

敦　亲

1. 子曰："爱亲者，不敢恶于人；敬亲者，不敢慢于人。爱敬尽于事亲，而德教加于百姓，形（"形"作"刑"）于四海，盖天子之孝也。《吕刑》云：'一人有庆，兆民赖之。'"（卷九·孝经）

2. 昔三代明王之必敬妻子也，盖有道焉。妻也者，亲之主也；子也者，亲之后也；敢不敬与？是故君子无不敬也。敬也者，敬身为大；身也者，亲之支也，敢不敬与？不敬其身，是伤其亲；伤其亲，是伤其本也；伤其本，则支从而亡。三者，百姓之象也。身以及身，子以及子，妃以及妃，君修此三者，则大化忾于天下。（卷十·孔子家语）

3. 帝王之于亲戚，爱虽隆，必示之以威；体虽贵，必禁之以度。

（卷二十四·后汉书四）

4. 所贵于善者，以其有礼义也；所贱于恶者，以其有罪过也。今以所贵者教民，以所贱者教亲，不亦悖乎？（卷四十五·昌言）

反 身

1. 立德之本，莫尚乎正心。心正而后身正，身正而后左右正，左右正而后朝廷正，朝廷正而后国家正，国家正而后天下正。（卷四十九 · 傅子）

2. 曾子曰：“吾日三省吾身：为人谋，而不忠乎？与朋友交，而不信乎？传不习乎？”（卷九 · 论语）

3. 天子无戏言。言则史书之，礼成之，乐歌之。（卷十一 · 史记上）

4. 神者智之渊也，神清则智明；智者心之符（《二十子全书》“符”作“府”）也，智公即心平。人莫鉴于流水（“水”作“潦”），而鉴于澄水者，以其清且静也，故神清意平，乃能形物之情也。（卷

三十五·文子）

5. 子曰：“躬自厚，而薄责于人，则远怨矣。”（卷九·论语）

6. 君不肖，则国危而民乱；君贤圣，则国家安而天下治。祸福在君，不在天时。（卷三十一·六韬）

7. “朕躬有罪，无以万方；万方有罪，罪在朕躬。”（卷九·论语）

8. 故明王有过则反之于身，有善则归之于民。有过而反之身则身惧，有善而归之民则民喜。往喜民，来惧身，此明王之所以治民也。（卷三十二·管子）

9. 传曰：“禹汤罪己，其兴也勃焉；桀纣罪人，其亡也忽焉。”由是言之，长民治国之本在身。（卷四十七·政要论）

10. 孟子告齐宣王曰：“君之视臣如手足，则臣之视君如腹心；君之视臣如犬马，则臣之视君如国人；君之视臣如土芥，则臣之视君如寇雠。”（卷三十七·孟子）

11. 景公问晏子曰：“富民安众难乎？”对曰：“易。节欲则民富，中听则民安，行此两者而已矣。”（卷三十三·晏子）

12. 明主者有三惧：一曰处尊位而恐不闻其过；二曰得意而恐骄；三曰闻天下之至言，而恐不能行。（卷四十三·说苑）

13. 昔成汤遭旱，以六事自责曰："政不节耶？使民疾耶？宫室荣耶？女谒盛耶？苞苴行耶？谗夫昌耶？"（卷二十二·后汉书二）

14. 曾子曰："上失其道，民散久矣。如得其情，则哀矜而勿喜。"（卷九·论语）

15. 上失其道，而杀其下，非理也。不教以孝，而听其狱，是杀不辜也。（卷十·孔子家语）

16. 致治之术，先屏四患，乃崇五政。一曰伪，二曰私，三曰放，四曰奢。伪乱俗，私坏法，放越轨，奢败制。四者不除，则政无由行矣。俗乱则道荒，虽天地不得保其性矣；法坏则世倾，虽人主不得守其度矣；轨越则礼亡，虽圣人不得全其行矣；制败则欲肆，虽四表不能充其求矣。是谓四患。兴农桑以养其生，审好恶以正其俗，宣文教以章其化，立武备以秉其威，明赏罚以统其法，是谓五政。（卷四十六·申鉴）

尊　贤

1. 无常安之国，无恒治之民。得贤者则安昌，失之者则危亡。自古及今，未有不然者也。（卷四十三 · 说苑）

2. 书曰："有不世之君，必能用不世之臣。用不世之臣，必能立不世之功。"（卷二十六 · 魏志下）

3. 子曰："大臣不可以不敬也，是民之表也。迩臣不可以不慎也，是民之道也。"（卷七 · 礼记）

4. 文王好仁，故仁兴；得士而敬之，则士用，用之有礼义。故不致其爱敬，则不能尽其心，则不能尽其力，则不能成其功。故古之贤君于其臣也，尊其爵禄而亲之；疾则临视之无数，死则吊哭之，为之服锡衰，而三临其丧；未敛不饮酒食肉，未葬不举乐，

当宗庙之祭而死，为之废乐。故古之君人者于其臣也，可谓尽礼矣；故臣下莫敢不竭力尽死，以报其上。（卷十七·汉书五）

5. 周公戒伯禽曰："我文王之子，武王之弟，成王之叔父。我于天下亦不贱矣。然我一沐三捉发，一饭三吐哺，起以待士，犹恐失天下之贤人。子之鲁，慎无以国骄人。"（卷十一·史记上）

6. 惟恤十难，以任贤能。一曰不知，二曰不求（"求"作"进"），三曰不任，四曰不终，五曰以小怨弃大德，六曰以小过黜大功，七曰以小短（"短"作"失"）掩大美，八曰以干讦伤忠正，九曰以邪说乱正度，十曰以谗嫉废贤能，是谓十难。十难不除，则贤臣不用；贤臣不用，则国非其国也。（卷四十六·申鉴）

7. 文王问太公曰："君务举贤，而不获其功，世乱愈甚，以致危亡者，何也？"太公曰："举贤而不用，是有举贤之名也，无得贤之实也。"文王曰："其失安在？"太公曰："其失在好用世俗之所誉，不得其真贤。"（卷三十一·六韬）

8. 为人君而侮其臣者，智者不为谋，辨者不为使，勇者不为斗。智者不为谋，则社稷危；辨者不为使，则使不通；勇者不为斗，则边境侵。（卷四十二·新序）

纳　谏

1. 国之所以治者，君明也。其所以乱者，君暗也。君之所以明者，兼听也。其所以暗者，偏信也。是故人君通必（“必”作“心”）兼听，则圣日广矣；庸说偏信，则愚日甚矣。（卷四十四·潜夫论）

2. 臣闻人君莫不好忠正而恶谗谀，然而历世之患，莫不以忠正得罪，谗谀蒙幸者，盖听忠难，从谀易也。（卷二十三·后汉书三）

3. 明主患谀己者众，而无由闻失也，故开敢谏之路，纳逆己之言，苟所言出于忠诚，虽事不尽，是犹欢然（然下有受字）之。（卷四十九·傅子）

4. 舜曰：“予违汝弼。汝无面从，退有后言。”故治国之道，劝之使谏，宣之使言，然后君明察而治情通矣。（卷四十四·潜夫论）。

5. 兴国之君，乐闻其过；荒乱之主，乐闻其誉。闻其过者，过日消而福臻；闻其誉者，誉日损而祸至。（卷二十八·吴志下）

6. 折直士之节，结谏臣之舌，群臣皆知其非，然不敢争。天下以言为戒，最国家之大患也。（卷十九·汉书七）

7. 孔子曰："药酒（'药酒'作'良药'）苦于口而利于病，忠言逆于耳而利于行。汤武以谔谔而昌，桀纣以唯唯而亡。"（卷十·孔子家语）

杜谗邪

1. 闻言未审，而以定善恶，则是非有错，而饰辩巧言之流起矣。（卷四十九·傅子）

2. 夫人主莫不爱爱己，而莫知爱己者之不足爱也。故惑小臣之佞，而不能废也；忘（“忘”疑为“忌”）违己之益己，而不能用也。（卷四十七·刘廙政论）

审　断

1. 金玉满堂，莫之能守，富贵而骄，还自遗咎。功成名遂身退，天之道也。（卷三十四 · 老子）

2. 夫听察者，乃存亡之门户，安危之机要也。若人主听察不博，偏受所信，则谋有所漏，不尽良策；若博其观听，纳受无方，考察不精，则数有所乱矣。（卷四十八 · 体论）

3. 孔子曰："众好之必察焉，众恶之必察焉。"故圣人之施舍也，不必任众，亦不必专己，必察彼己之谓（"谓"作"为"），而度之以义，故举无遗失，而功无废灭也。（卷四十四 · 潜夫论）

4. 人君之大患也，莫大乎详于小事，而略于大道；察于近物，

而暗于远数。自古及今，未有如此而不亡也。（卷四十六·中论）

5. 景公问晏子曰："古者离散其民而陨失其国者，其常行何如？"对曰："国贫而好大，智薄而好专；尚谗谀而贱贤人，乐简慢而轻百姓；国无常法，民无经纪；好辨以为智，刻民以为忠；流湎而忘国，好兵而忘民；肃于罪诛，而慢于庆赏；乐人之哀，利人之害；德不足以怀人，政不足以匡民；赏不足以劝善，刑不足以防非。此亡国之行也。今民闻公令如寇雠，此古之离其民陨其国常行也。（卷三十三·晏子）

务 本

1. 孔子曰:“凡为天下国家者,有九经焉,曰: 修身也,尊贤也,亲亲也,敬大臣也,体群臣也,子庶人也,来百工也,柔远人也,怀诸侯也。修身则道立,尊贤则不惑,亲亲则诸父昆弟不怨,敬大臣则不眩,体群臣则士之报礼重,子庶民则百姓劝,来百工则财用足,柔远人则四方归之,怀诸侯则天下畏之。”

公曰:“为之奈何?”孔子曰:“齐庄盛服,非礼不动,所以修身也;去谗远色,贱货而贵德,所以尊贤也;爵其能,重其禄,同其好恶,所以笃亲亲也;官盛任使,所以敬大臣也;忠信重禄,所以劝士也;时使薄敛,所以子百姓也;日省月考,既禀称事,所以来百工也;送往迎来,嘉善而矜不能,所以绥远人也;继绝世,举废邦,朝聘以时,厚往而薄来,所以怀诸侯也。治天下国家有九经焉,其所以行之者一也。”(卷十·孔子家语)

2. 民惟邦本，本固邦宁。（卷二 · 尚书）

3. 文武之政，布在方策。其人存，则其政举；其人亡，则其政息。故为政在于得人。取人以身，修身以道，修道以仁。（卷十 · 孔子家语）

4. 昔者成王，幼在襁褓之中，召公为太保，周公为太傅，太公为太师。保保其身体；傅傅之德义；师导之教训：此三公职也。于是为置三少，少保少傅少师，是与太子宴者也。故乃孩提有识，三公三少，明孝仁礼义，以导习之，逐去邪人，不使见恶行。于是皆选天下之端士，孝悌博闻有道术者，以卫翼之，使与太子居处出入。故太子乃生而见正事，闻正言，行正道，左右前后皆正人。……孔子曰："少成若天性，习贯如自然。"（卷十六 · 汉书四）

5. 国无贤佐俊士，而能以成功立名、安危继绝者，未尝有也。故国不务大，而务得民心；佐不务多，而务得贤俊。得民心者民往之，有贤佐者士归之。（卷四十三 · 说苑）

6. 公问曰："敢问人道谁为大？"孔子对曰："夫人道政为大。夫政者正也。君为正，则百姓从而正矣。"……公曰："敢问为政如之何？"孔子对曰："夫妇别，父子亲，君臣信。三者正，

则庶物从之矣。”（卷十·孔子家语）

7. 天地为大矣，不诚则不能化万物；圣人为智矣，不诚则不能化万民；父子为亲矣，不诚则疏；君上为尊矣，不诚则卑。夫诚者，君子之守，而政事之本也。（卷三十八·孙卿子）

8. 子路曰：“卫君待子而为政，子将奚先？”子曰：“必也，正名乎！名不正，则言不顺；言不顺，则事不成；事不成，则礼乐不兴；礼乐不兴，则刑罚不中；刑罚不中，则民无所措手足。”（卷九·论语）

9.《彖》曰：家人，女正位乎内，男正位乎外，天地之大义也。家人有严君焉，父母之谓也。父父、子子、兄兄、弟弟、夫夫、妇妇，而家道正，正家而天下定矣。（卷一·周易）

10. 夫富民者，以农桑为本，以游业为末；百工者，以致用为本，以巧饰为末；商贾者，以通货为本，以鬻奇为末。三者守本离末，则民富；离本守末，则民贫；贫则阨而忘善，富则乐而可教。教训者，以道义为本，以巧辨为末；辞语者，以信顺为本，以诡丽为末；列士者，以孝悌为本，以交游为末；孝悌以致养为本，以华观为末；人臣者，以忠正为本，以媚爱为末。五者守本离末，则仁义兴；离本守末，则道德崩。（卷

四十四・潜夫论）

11. 夫仁义礼制者，治之本也；法令刑罚者，治之末也。无本者不立，无末者不成。夫礼教之治，先之以仁义，示之以敬让，使民迁善日用而不知也。（卷五十・袁子正书）

12. 孔子曰："行己有六本焉，然后为君子。立身有义矣，而孝为本；丧纪有礼矣，而哀为本；战阵有列矣，而勇为本；治政有理矣，而农为本；居国有道矣，而嗣为本；生财有时矣，而力为本。置本不固，无务丰末；亲戚不悦，无务外交；事不终始，无务多业。反本修迹，君子之道也。"（卷十・孔子家语）

13. 诸葛亮之为相国也，抚百姓，示义轨，约官职，从权制，开诚心，布公道。尽忠益时者，虽雠必赏；犯法怠慢者，虽亲必罚；服罪输情者，虽重必释；游辞巧饰者，虽轻必戮。善无微而不赏，恶无纤而不贬。庶事精练，物理其本，循名责实，虚伪不齿。终于邦域之内，咸畏而爱之。刑政虽峻，而无怨者，以其用心平，而劝戒明也。可谓识治之良才，管萧之亚匹矣。（卷二十七・蜀志）

14. 子曰："夫孝，德之本也，教之所由生也。"（卷九・孝经）

15. 君子务本，本立而道生。孝悌也者，其仁之本与！（卷九・论语）

16. 子曰：“君子之事亲孝，故忠可移于君；事兄悌，故顺可移于长；居家理，故治可移于官。是以行成于内，而名立于后世矣。”（卷九・孝经）

17. 孔子曰：“事亲孝，故忠可移于君。”是以求忠臣，必于孝子之门。（卷二十二・后汉书二）

18. 夫知为人子者，然后可以为人父；知为人臣者，然后可以为人君；知事人者，然后可以使人。（卷十・孔子家语）

19. 曾子曰：“慎终追远，民德归厚。”（卷九・论语）

20. 水泉深，则鱼鳖归之；树木盛，则飞鸟归之；庶草茂，则禽兽归之；人主贤，则豪桀归之。故圣王不务归之者，而务其所归。（卷三十九・吕氏春秋）

21. 夫为政者，莫善于清其吏也。（卷四十七・刘廙政论）

22. 子贡问政。子曰：“足食，足兵，民信之矣。”子贡曰：“必不得已而去，于斯三者何先？”曰：“去兵。”曰：“必不得已而去，

于斯二者何先？”曰：“去食。自古皆有死，民不信不立。”（卷九·论语）

23. 我有三宝，持而保之。一曰慈，二曰俭，三曰不敢为天下先。（卷三十四·老子）